Impressum
Verlag: BABADADA GmbH, Nedderfeld 112 , 22529 Hamburg
Geschäftsführer / Verlagsleitung: Harald Hof
Druck: Books on Demand GmbH, In de Tarpen 42, 22848 Norderstedt

Imprint
Publisher: BABADADA GmbH, Nedderfeld 112 , 22529 Hamburg, Germany
Managing Director / Publishing direction: Harald Hof
Print: Books on Demand GmbH, In de Tarpen 42, 22848 Norderstedt

σχολείο
chikoro

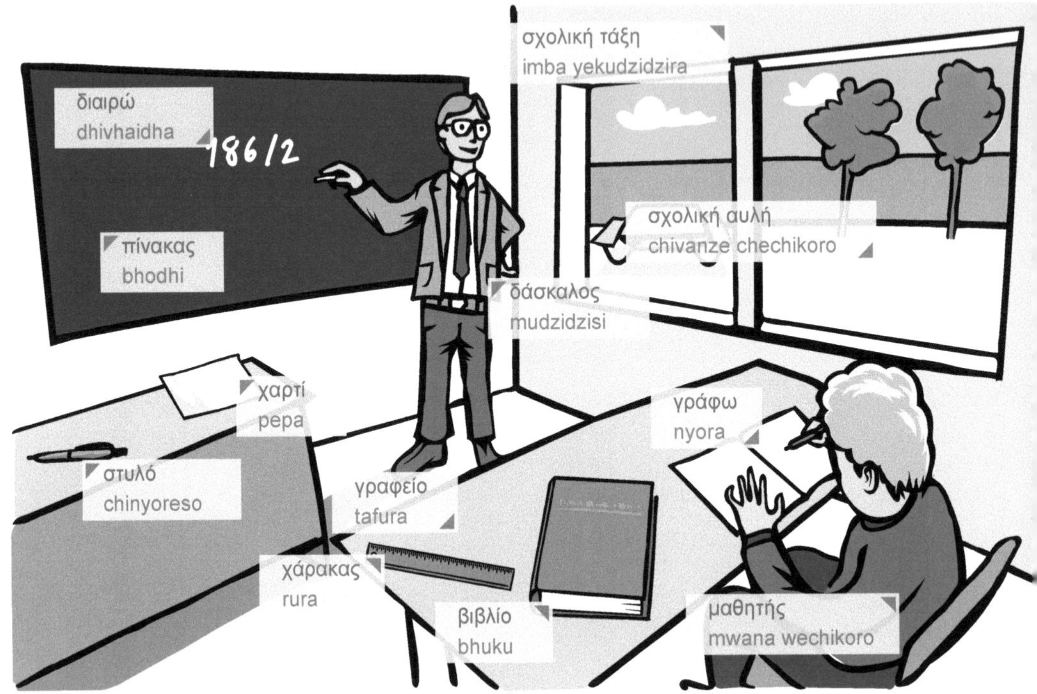
σχολική τάξη
imba yekudzidzira
διαιρώ
dhivhaidha
186/2
πίνακας
bhodhi
σχολική αυλή
chivanze chechikoro
δάσκαλος
mudzidzisi
χαρτί
pepa
γράφω
nyora
στυλό
chinyoreso
γραφείο
tafura
χάρακας
rura
βιβλίο
bhuku
μαθητής
mwana wechikoro

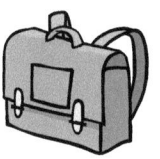

σχολική τσάντα

bhegi

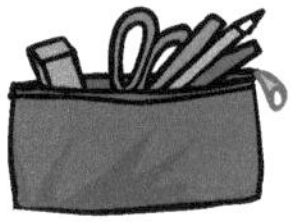

κασετίνα/ μολυβοθήκη

chekuchengetera mapenzura

μολύβι

penzura

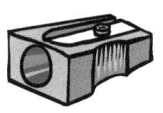

ξύστρα

chekurodzesa mapenzura

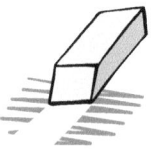

γόμα

rabha

μπλοκ ζωγραφικής

bhuku rekudhirowera mifananidzo

ζωγραφική

mufananidzo wakadhirowewa

πινέλο

bhurasho rekupendesa

κουτί χρωμάτων

bhokisi rependi

ψαλίδι

chigero

κόλλα

guruu

τετράδιο ασκήσεων

bhuku rekunyorera

εργασία για το σπίτι

basa rinoitirwa kumba

12

αριθμός

nhamba

2+2

προσθέτω

sanganisa

5-2

αφαιρώ

bvisa

2×2

πολλαπλασιάζω

wanziridza

υπολογίζω

kakureta

A

γράμμα

bhii

ABCDEFG HIJKLMN OPQRSTU VWXYZ

αλφάβητο

arufabheti

hello

λέξη

shoko

κείμενο

mashoko

διαβάζω

kuverenga

κιμωλία

choko

μάθημα

chidzidzo

εγγράφομαι

bhuku remazita

τεστ

bvunzo

πιστοποιητικό

setifiketi

μαθητική στολή

yunifomu yekuchikoro

εκπαίδευση

dzidzo

εγκυκλοπαίδεια

encyclopedia

πανεπιστήμιο

yunivhesiti

μικροσκόπιο

maikorosikopu

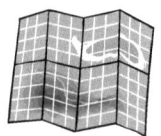

χάρτης

mepu

καλάθι αχρήστων

bhini remapepa

ταξίδι
rwendo

ξενοδοχείο
hotera
Grand
ξενώνας
mahostera
ROOMS
ανταλλακτήρια συναλλάγματος
panochinjwa mari
βαλίτσα
sutukesi
αυτοκίνητο
mota

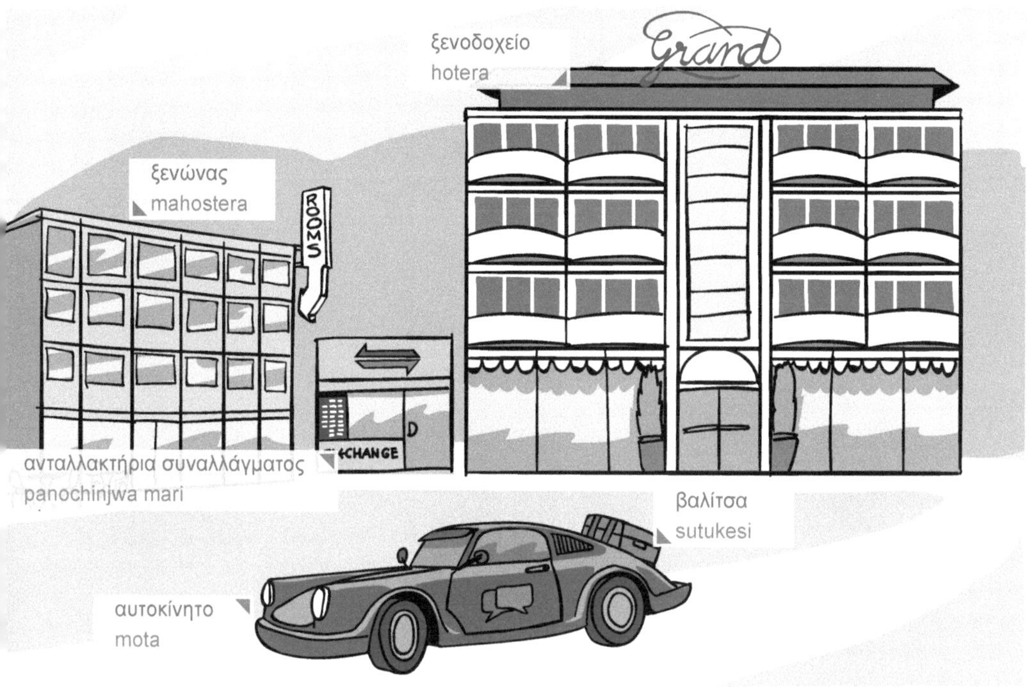

γλώσσα
mutauro

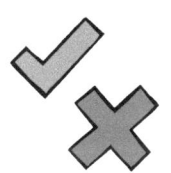

ναι / όχι
hongu / kwete

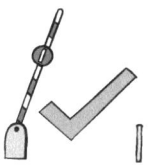

εντάξει
Zvakanaka

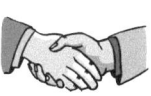

γεια σου
hesi

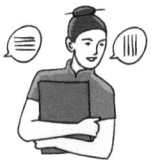

μεταφραστής
mushanduri

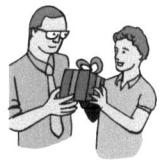

Ευχαριστώ
Mazvita

πόσο κάνει ;

Imarii... ?

Δε καταλαβαίνω

Handisi kunzwisisa

πρόβλημα

dambudziko

Καλησπέρα!

Manheru!

Καλημέρα!

Mangwanani!

Καληνύχτα!

Murare zvakanaka

Αντίο

toonana

κατεύθυνση

mafambiro

αποσκευές

katundu

τσάντα

bhegi

σακίδιο πλάτης

bhegi rekumusana

καλεσμένος

muenzi

δωμάτιο

imba

υπνόσακος

bhegi rekurarira

σκηνή

tendi

τουριστικές πληροφορίες

mashoko evafambi

παραλία

mahombekombe

πιστωτική κάρτα

kadhi rekubhengi

πρωινό

kudya kwemangwanani

μεσημεριανό

kudya kwemasikati

δείπνο

kudya kwemanheru

εισιτήριο

tiketi

ανελκυστήρας

chikwidzo

γραμματόσημο

chitambi

σύνορα

muganhu

τελωνείο

vanoona nezvekupinda munyika

πρεσβεία

vamiririri venyika

βίζα

vhiza

διαβατήριο

pasipoti

μεταφορά
zvifambiso

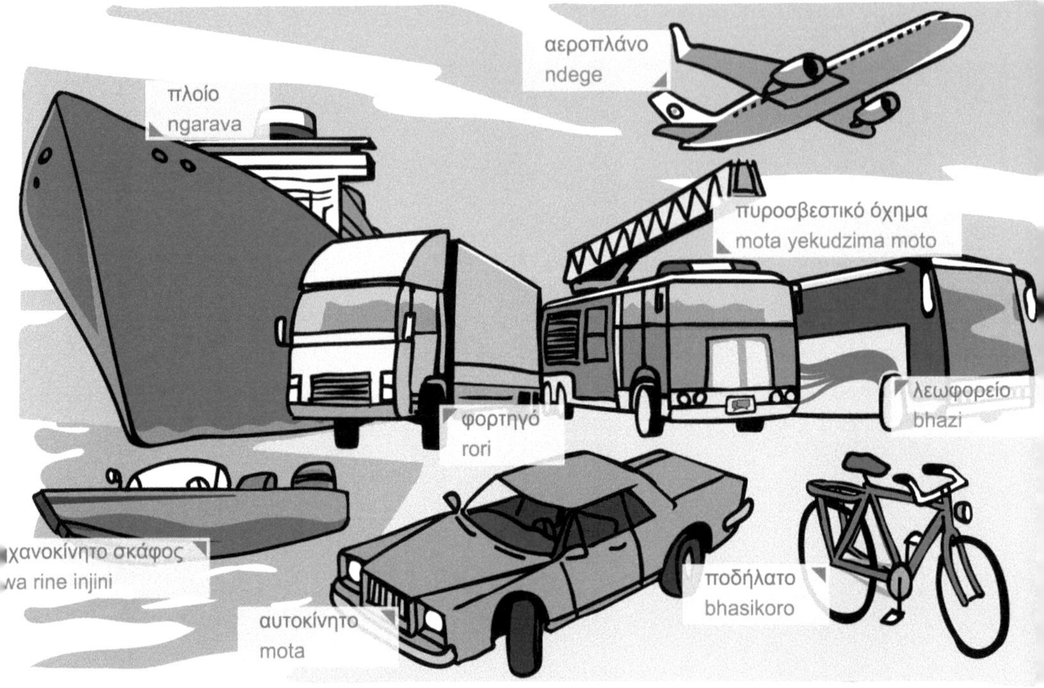
αεροπλάνο
ndege
πλοίο
ngarava
πυροσβεστικό όχημα
mota yekudzima moto
λεωφορείο
bhazi
φορτηγό
rori
χανοκίνητο σκάφος
va rine injini
αυτοκίνητο
mota
ποδήλατο
bhasikoro

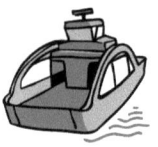

φεριμπότ

igwa

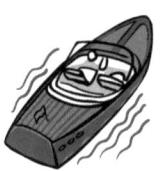

βάρκα

igwa

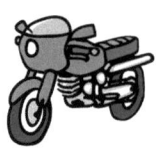

μοτοσικλέτα

mudhudhudhu

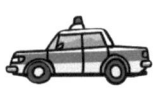

περιπολικό

mota yemapurisa

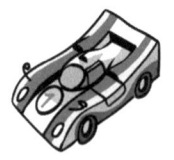

αγωνιστικό αυτοκίνητο

mota yemujaho

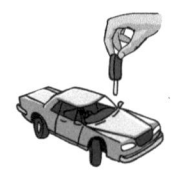

ενοικιαζόμενο αυτοκίνητο

mota yekuhaya

διαμοιρασμός αυτοκινήτων

kuhaya mota

γερανός

mota inodhonza dzinenge dzafa

απορριμματοφόρο

mota yemabhini

κινητήρας

injini

καύσιμο

mafuta

βενζινάδικο

garaji remafuta

πινακίδα σήμανσης

chikwangwani chemumugwagwa

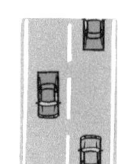

κυκλοφορία

mota

κυκλοφοριακή συμφόρηση

mota dzakawandisa

χώρος στάθμευσης

panopakwa mota

σιδηροδρομικός σταθμός

chiteshi chezvitima

σιδηροδρομικές γραμμές

njanji

τρένο

chitima

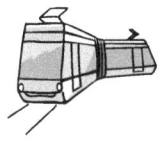

τραμ

tram

βαγόνι

chitima

ελικόπτερο

chikopokopo

αεροδρόμιο

nhandare yendege

πύργος

nharire

επιβάτης

mufambi

εμπορευματοκιβώτιο

chikondena

χαρτοκιβώτιο

kadhibhodhi bhokisi

καρότσι

ngoro

καλάθι

bhasiketi

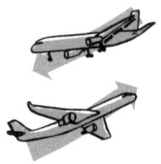

απογειώνομαι /
προσγειόνομαι

simuka / mhara

πόλη

guta

χωριό

musha

κέντρο της πόλης

pakati peguta

σπίτι

imba

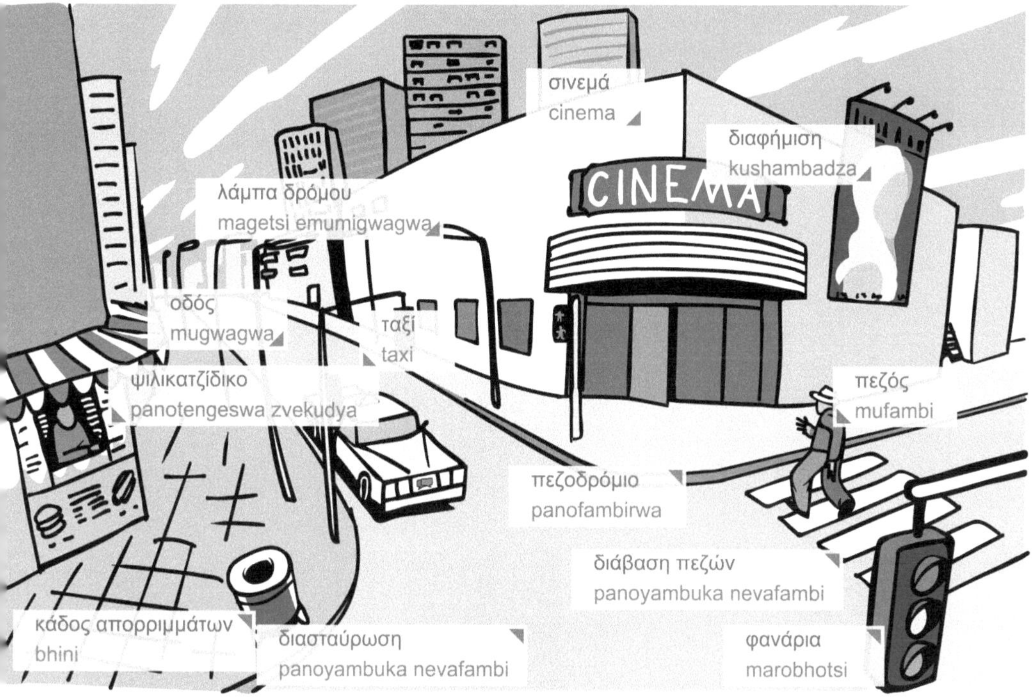

σινεμά
cinema
CINEMA
διαφήμιση
kushambadza
λάμπα δρόμου
magetsi emumigwagwa
οδός
mugwagwa
ταξί
taxi
ψιλικατζίδικο
panotengeswa zvekudya
πεζός
mufambi
πεζοδρόμιο
panofambirwa
διάβαση πεζών
panoyambuka nevafambi
κάδος απορριμμάτων
bhini
διασταύρωση
panoyambuka nevafambi
φανάρια
marobhotsi

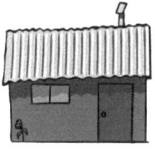

καλύβα

imba

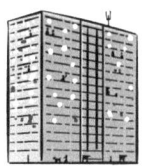

διαμέρισμα

mafurati

σιδηροδρομικός σταθμός

chiteshi chezvitima

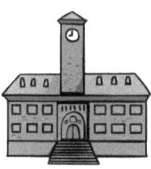

δημαρχείο

imba yeguta

MUSEUM

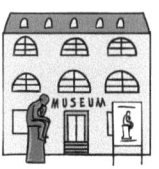

μουσείο

muziyamu

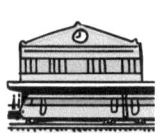

σχολείο

chikoro

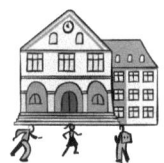

πανεπιστήμιο

yunivhesiti

τράπεζα

bhengi

νοσοκομείο

chipatara

ξενοδοχείο

hotera

φαρμακείο

panotengeswa mishonga

γραφείο

hofisi

βιβλιοπωλείο

chitoro chemabhuku

κατάστημα

chitoro

ανθοπωλείο

panotengeswa maruva

σούπερ μάρκετ

supamaketi

αγορά

musika

πολυκατάστημα

chitoro chine
madhipatimendi

ιχθυοπωλείο

panotengeswa hove

εμπορικό κέντρο

nzimbo ine zvitoro

λιμάνι

chiteshi chengarava

πάρκο

paki

παγκάκι

bhenji

γέφυρα

bhiriji

σκάλες

masitepisi

μετρό

nzira inoenda nepasi

τούνελ

mugwagwa wepasi

στάση λεωφορείου

panokwirirwa mabhazi

μπαρ

bhawa

εστιατόριο

resitorendi

γραμματοκιβώτιο

bhokisi retsamba

πινακίδα δρόμου

chikwangwani
chemugwagwa

παρκόμετρο

mita yekupaka

ζωολογικός κήπος

munochengeterwa mhuka

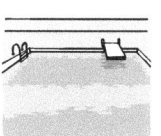

πισίνα

kunotuhwinirwa

τζαμί

mosque

αγρόκτημα

purazi

ρύπανση

kusvibisa

νεκροταφείο

kumakuva

εκκλησία

chechi

παιδική χαρά

pekutambira

ναός

temberi

τοπίο
mamiriro akaita nzvimbo

φύλλο
shizha

πινακίδα κατεύθυνσης
chikwangwani

δρόμος
nzira

λιβάδι
mafuro

πέτρα
dombo

πεζοπόρος
mufambi

δέντρο
muti

ποτάμι
rwizi

χορτάρι
uswa

λουλούδι
ruva

κοιλάδα

mupata

λόφος

gomo

λίμνη

dhamu

δάσος

sango

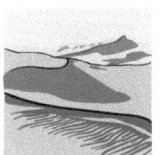

έρημος

gwenga

ηφαίστειο

chikwatamabwe

κάστρο

zimba

ουράνιο τόξο

muraraungu

μανιτάρι

hohwa

φοίνικας

muchindwe

κουνούπι

umhutu

μύγα

nhunzi

μυρμήγκι

svosve

μέλισσα

nyuchi

αράχνη

buve

σκαθάρι

chipembenene

βάτραχος

datya

σκίουρος

tsindi

σκαντζόχοιρος

nungu

λαγός

tsuro

κουκουβάγια

zizi

πουλί

shiri

κύκνος

swan

αγριογούρουνο

nguruve yemusango

ελάφι

nondo

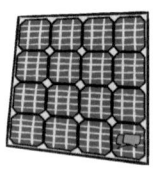

άλκη

moose

φράγμα

dhamu

ανεμογεννήτρια

injini yemhepo

ηλιακός συλλέκτης

panero rezuva

κλίμα

mamiriro ekunze

εστιατόριο
resitorendi

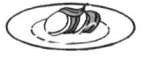

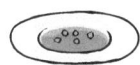

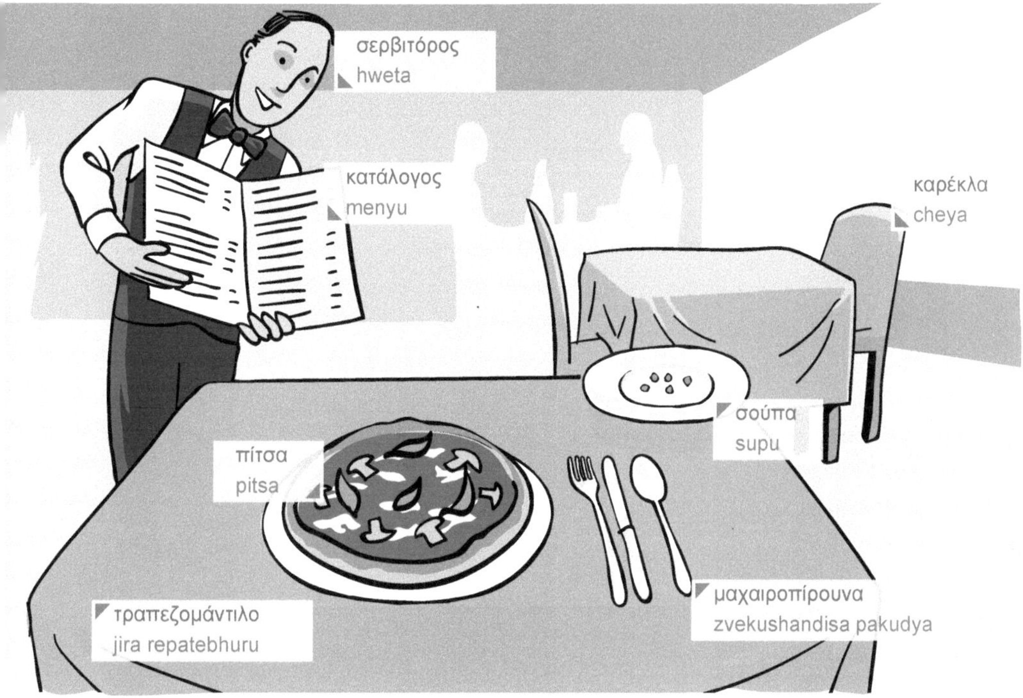
σερβιτόρος
hweta
κατάλογος
menyu
καρέκλα
cheya
σούπα
supu
πίτσα
pitsa
τραπεζομάντιλο
jira repatebhuru
μαχαιροπίρουνα
zvekushandisa pakudya

ορεκτικό

zvekusosa nzara

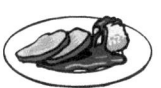

κύριο πιάτο

zvekudya

επιδόρπιο

zvekuseredzera

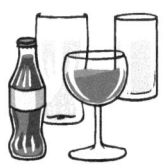

ποτά

zvekunwa

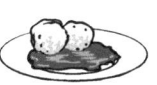

φαγητό

zvekudya

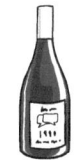

μπουκάλι

bhodhoro

φαστ φουντ

zvekudya zvisingatori nguva
kubika

φαγητό στ' όρθιο

chikafu chinotengeswa
munzira

τσαγιέρα

tipoti

δοχείο ζάχαρης

gabha reshuga

μερίδα

chidimbu

μηχανή εσπρέσο

muchina wekofi

ψηλή καρέκλα

cheya yemwana

λογαριασμός

bhiri

δίσκος

tureyi

μαχαίρι

banga

πιρούνι

forogo

κουτάλι

chipunu

κουταλάκι του τσαγιού

chipunu

πετσέτα φαγητού

zvekupukutisa muromo

ποτήρι

girazi

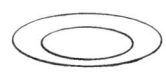

πιάτο

ndiro

πιάτο σούπας

ndiro yesupu

πιατάκι φλιτζανιού

ndiro

σάλτσα

supu

αλατιέρα

chekuisira sauti

μύλος για πιπέρι

chekugaya mhiripiri

ξύδι

vhiniga

λάδι

mafuta

μπαχαρικά

masipaisi

κέτσαπ

ketchup

μουστάρδα

mustard

μαγιονέζα

mayonaizi

σούπερ μάρκετ
supamaketi

προσφορά
zvaderedzwa mitengo
FOR
πελάτης
mutengi
γαλακτοκομικά προϊόντα
zvinogadzirwa nemukaka
φρούτα
michero
καρότσι για ψώνια
chingoro

BUTCHERS

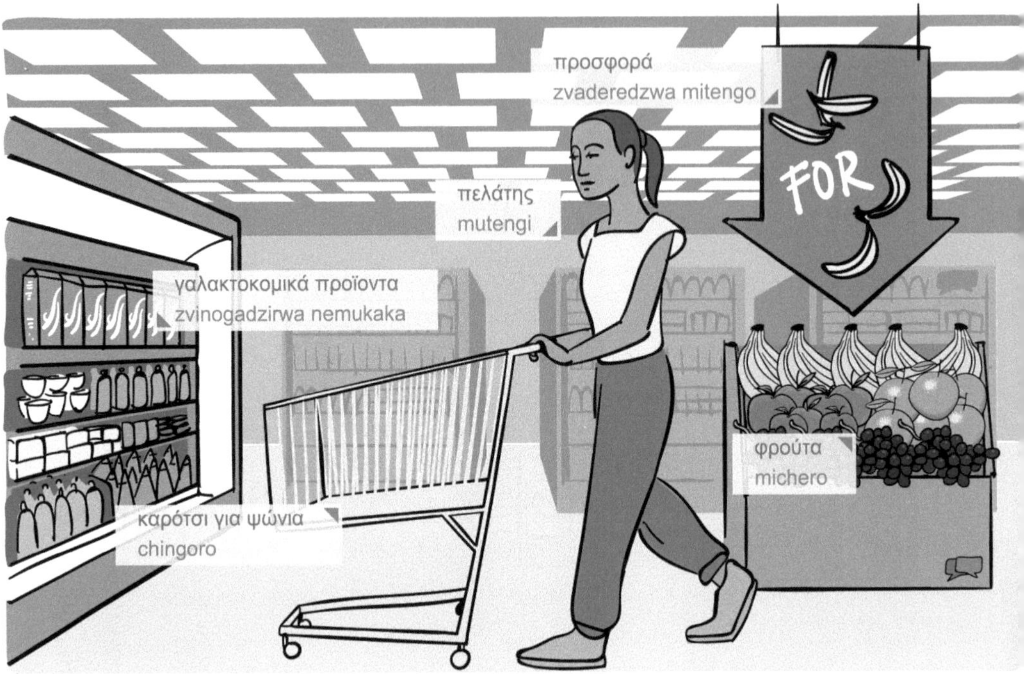

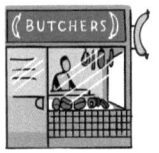

κρεοπωλείο

panotengeswa nyama

BAKERY

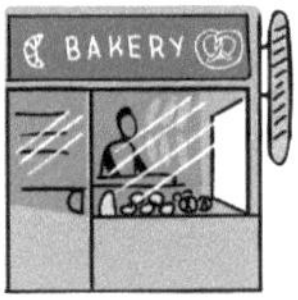

φούρνος

panotengeswa chingwa

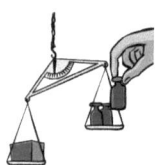

ζυγίζω

kuyera

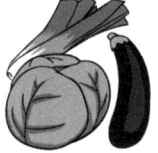

λαχανικά

miriwo

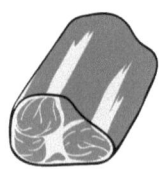

κρέας

nyama

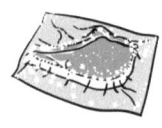

κατεψυγμένα τρόφιμα

zvekudya zvakaoma nechando

αλλαντικά

nyama yakatonhora

κονσερβοποιημένη τροφή

zvekudya zvemugaba

απορρυπαντικό ρούχων

sipo yeupfu yekuwachisa

γλυκά

masuwiti

οικιακά είδη

zvekushandisa mumba

καθαριστικά προϊόντα

zvekuchenesa nazvo

πωλήτρια

mutengesi

ταμείο

tiru

ταμίας

mutengesi

λίστα για ψώνια

zviri kuda kutengwa

ωράριο λειτουργίας

nguva dzekuvhura

πορτοφόλι

chikwama

πιστωτική κάρτα

kadhi rekubhengi

τσάντα

bhegi

πλαστική σακούλα

pepa rekuisira

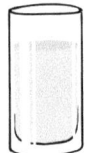

νερό

mvura

χυμός

muto wemichero

γάλα

mukaka

κόκα κόλα

coke

κρασί

waini

μπίρα

doro

αλκοόλ

doro

κακάο

cocoa

τσάι

tii

καφές

kofi

εσπρέσο

kofi

καπουτσίνο

cappuccino

μπανάνα

bhanana

μήλο

apuro

πορτοκάλι

orenji

πεπόνι

nwiwa

λεμόνι

ndimu

καρότο

karotsi

σκόρδο

gariki

μπαμπού

mushenjere

κρεμμύδι

hanyanisi

μανιτάρι

hohwa

ξηροί καρποί

nzungu

νουντλς

manoodle

μακαρόνια

spaghetti

ρύζι

mupunga

σαλάτα

saradhi

πατατάκια

machipisi

τηγανητές πατάτες

mbatatisi dzakafuraiwa

πίτσα

pitsa

χάμπουργκερ

chingwa chakaruma nyama

σάντουιτς

sangweji

κοτολέτα

nhindi

ζαμπόν

ham

σαλάμι

salami

λουκάνικο

soseji

κοτόπουλο

huku

ψητό

gochwa

ψάρι

hove

χυλός βρώμης

bota reoats

μούσλι

muesli

κορν φλέικς

macornflake

αλεύρι

furawa

κρουασάν

croissant

ψωμάκι

chingwa

ψωμί

chingwa

τοστ

chingwa chakagochwa

μπισκότα

mabhisikiti

βούτυρο

bhata

τυρόπηγμα

ige

κέικ

keke

αυγό

zai

τηγανητό αυγό

zai rakafuraiwa

τυρί

chizi

παγωτό

aizikirimu

ζάχαρη

shuga

μέλι

huchi

μαρμελάδα

jemu

άλλειμμα σοκολάτας

chocolate yekuzora

κάρυ

curry

αγρόκτημα
purazi

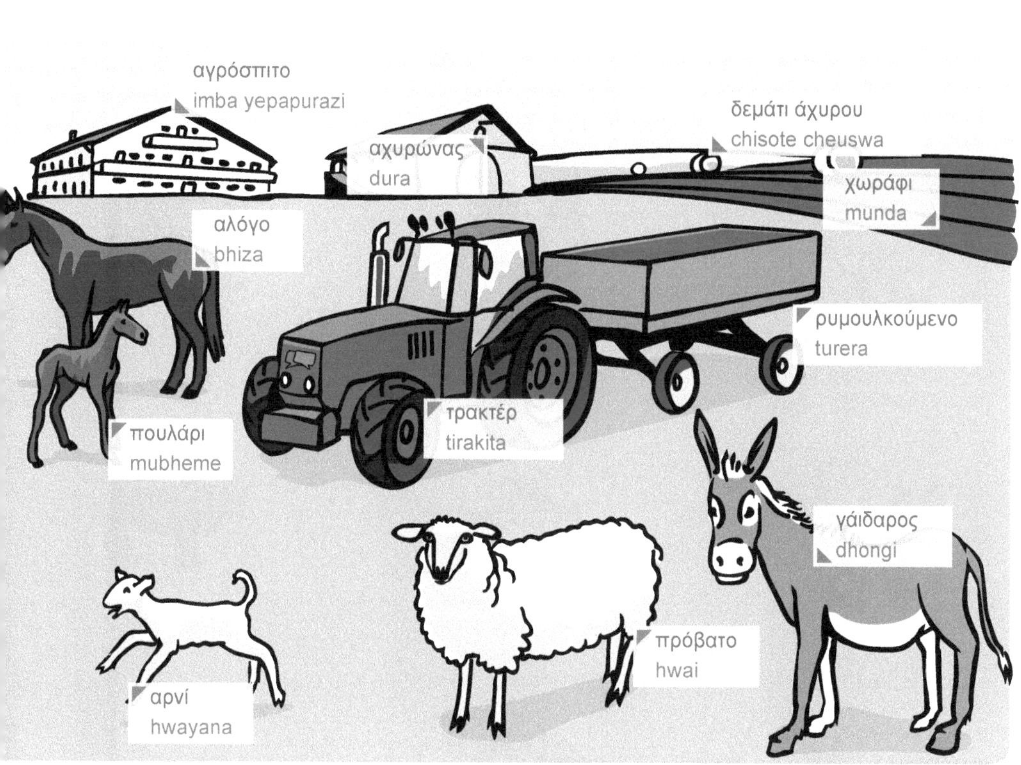
αγρόσπιτο
imba yepapurazi
αχυρώνας
dura
δεμάτι άχυρου
chisote cheuswa
χωράφι
munda
αλόγο
bhiza
ρυμουλκούμενο
turera
πουλάρι
mubheme
τρακτέρ
tirakita
γάιδαρος
dhongi
πρόβατο
hwai
αρνί
hwayana

κατσίκα
mbudzi

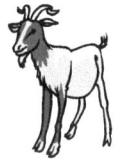

αγελάδα
mhou

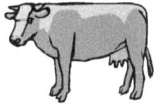

μοσχαράκι
mhuru

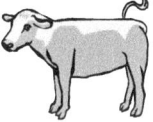

γουρούνι
nguruve

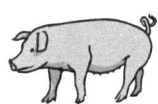

γουρουνάκι
chigwi

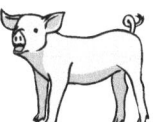

ταύρος
bhuru

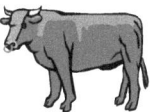

χήνα

dhadha

πάπια

dhakisi

κοτοπουλάκι

nhiyo

κότα

tseketsa

κόκορας

jongwe

αρουραίος

gonzo

γάτα

katsi

ποντίκι

mbeva

βόδι

dhonza

σκύλος

imbwa

σπιτάκι σκύλου

imba yembwa

λάστιχο κήπου

pombi yemvura

ποτιστήρι

keni yekudiridzisa

θεριστήρι

jeko

αλέτρι

gejo

δρεπάνι

jeko

τσάπα

badza

δίκρανο

forogo

τσεκούρι

demo

χειράμαξα

bhara

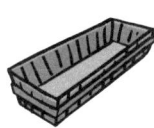

ταΐστρα

chidyiro

δοχείο γάλακτος

bhodhoro remukaka

σάκος

saga

φράχτης

fenzi

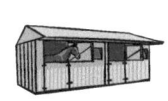

στάβλος

danga

θερμοκήπιο

greenhouse

έδαφος

ivhu

σπόρος

mbeu

λίπασμα

fetereza

θεριζοαλωνιστική μηχανή

mota yekukohwesa

θερίζω

kukohwa

συγκομιδή

gohwo

γιαμς

mbatatisi

σιτάρι

gorosi

σόγια

soya

πατάτα

mbatatisi

καλαμπόκι

chibage

κράμβη

rapeseed

οπωροφόρο δέντρο

muti wemichero

μανιόκα

mufarinya

δημητριακά

mbesa

αγρόκτημα - purazi

σπίτι

imba

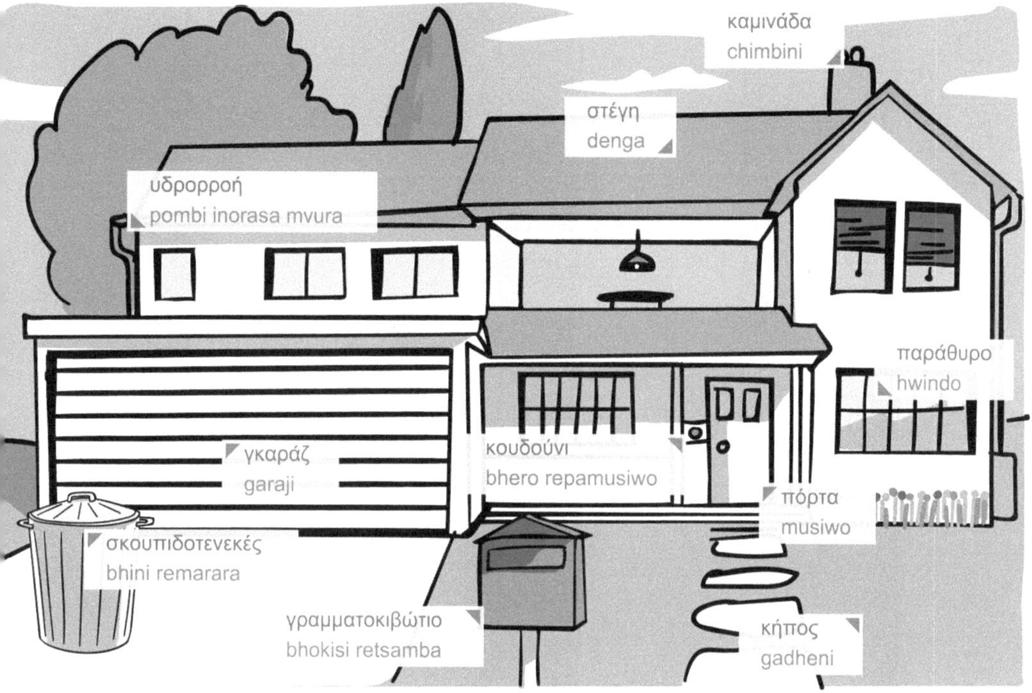
καμινάδα
chimbini
στέγη
denga
υδρορροή
pombi inorasa mvura
παράθυρο
hwindo
γκαράζ
garaji
κουδούνι
bhero repamusiwo
πόρτα
musiwo
σκουπιδοτενεκές
bhini remarara
γραμματοκιβώτιο
bhokisi retsamba
κήπος
gadheni

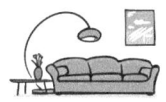

σαλόνι

imba yekutandarira

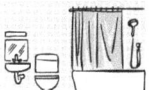

μπάνιο

mekugezera

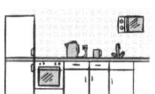

κουζίνα

kicheni

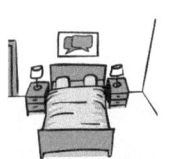

υπνοδωμάτιο

imba yekurara

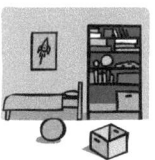

παιδικό δωμάτιο

imba yemwana

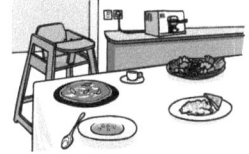

τραπεζαρία

imba yekudyira

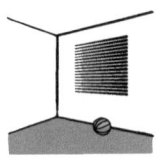

πάτωμα

uriri

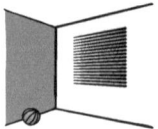

τοίχος

madziro

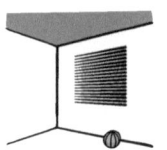

οροφή

denga

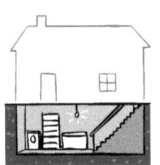

κελάρι

imba yepasi

σάουνα

sauna

μπαλκόνι

vharanda repadenga

βεράντα

uriri hwepadenga

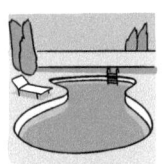

πισίνα

dziva rekushambira

μηχανή του γκαζόν

muchina wekuchekesa uswa

σεντόνι

jira

κάλυμμα κρεβατιού

chekufukidza mubhedha

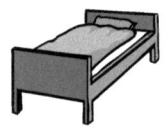

κρεβάτι

mubhedha

σκούπα

bhurumu

κουβάς

bhaketi

διακόπτης

suwichi

σαλόνι

imba yekutandarira

ταπετσαρία
pepa remadziro
φωτογραφία
pikicha
λάμπα
rambi
ράφι
sherufu
ντουλάπι
kabhati
τηλεόραση
TV
τζάκι
nzvimbo yemoto
λουλούδι
ruva
μαξιλάρι
kusheni
καναπές
sofa
βάζο
vhazi
τηλεκοντρόλ
rimoti

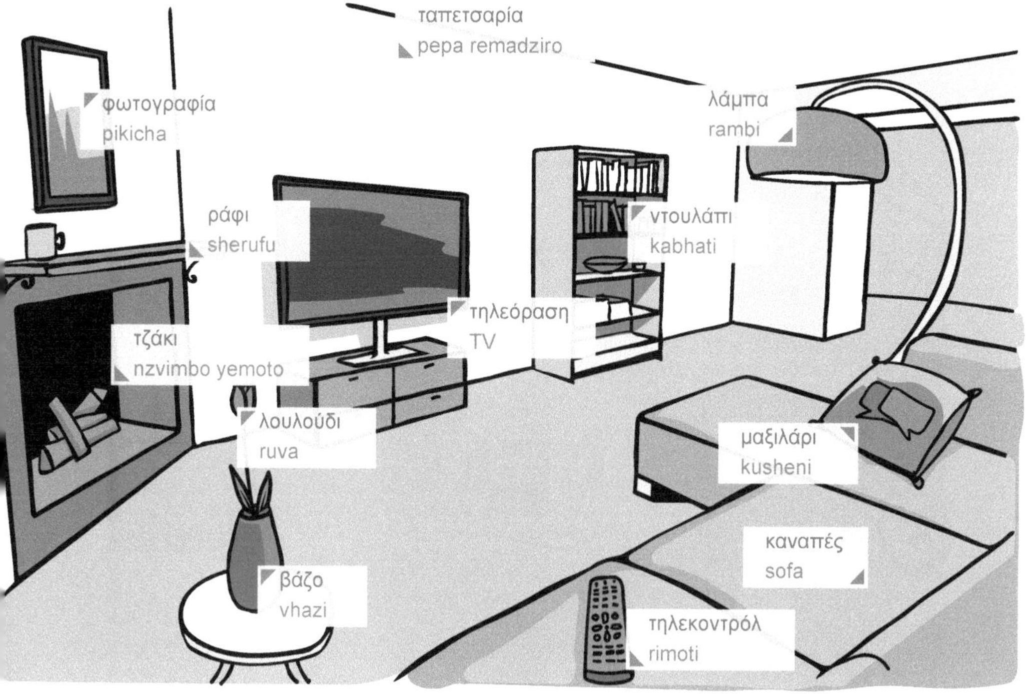

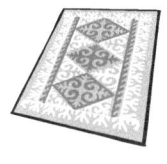

χαλί

kapeti

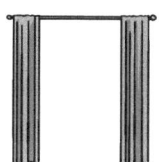

κουρτίνα

keteni

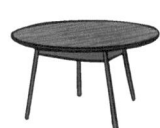

τραπέζι

tebhuru

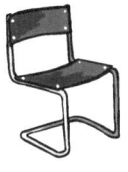

καρέκλα

cheya

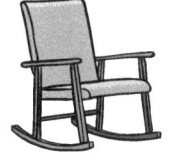

κουνιστή πολυθρόνα

cheya inozeya

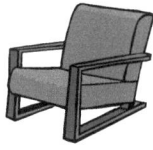

πολυθρόνα

cheya ine pekuisa maoko

βιβλίο

bhuku

κουβέρτα

gumbeze

διακόσμηση

marongedzero

καυσόξυλα

huni

ταινία

firimu

στερεοφωνικό σύστημα

redhiyo yehi-fi

κλειδί

kii

εφημερίδα

pepanhau

πίνακας ζωγραφικής

mufananidzo

αφίσα

posita

ραδιόφωνο

redhiyo

σημειωματάριο

pekunyorera

ηλεκτρική σκούπα

muchina wekuhuvhisa

κάκτος

chinanazi

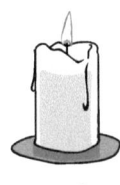

κερί

kenduru

κουζίνα
kicheni

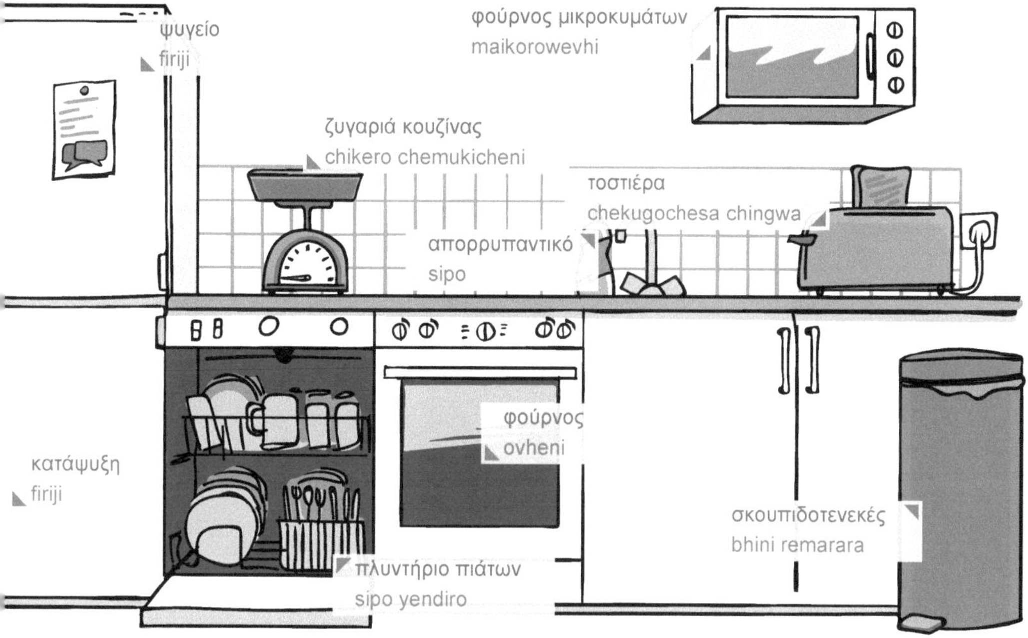

ψυγείο
firiji
φούρνος μικροκυμάτων
maikorowevhi
ζυγαριά κουζίνας
chikero chemukicheni
τοστιέρα
chekugochesa chingwa
απορρυπαντικό
sipo
φούρνος
ovheni
κατάψυξη
firiji
σκουπιδοτενεκές
bhini remarara
πλυντήριο πιάτων
sipo yendiro

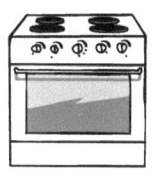

κουζίνα
chitofu

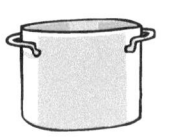

κατσαρόλα
poto

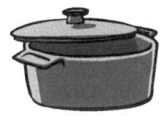

μαντεμένια κατσαρόλα
poto yesimbi

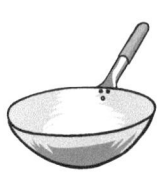

γουόκ/καντάι
wok / kadai

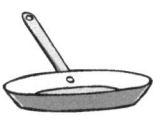

τηγάνι
pani

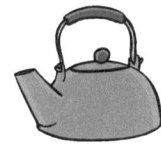

βραστήρας
ketero

ατμομάγειρας

chekubikisa neutsi hwemvura

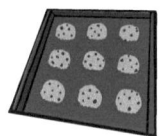

ταψί

turei yekubhekesa

πιατικά

ndiro

κούπα

kapu

μπολ

dishi

ξυλάκια

tumiti twekudyisa

κουτάλα

chipunu

σπάτουλα

chipunu

ανακατεύω

chekusanganisisa

σουρωτήρι

chekukunisa

σουρωτηράκι

chekukunisa

τρίφτης

chekugiretesa

γουδί

duri

ψησταριά

chiwaya

ανοιχτή φωτιά

moto

σανίδα κοπής

chekuchekera

πλάστης

chekutsimbiririsa mukanyiwa

ανοιχτήρι φελλών

chekuvhurisa mabhodhoro ewaini

κονσέρβα

tini

ανοιχτήρι κονσέρβας

chekuvhurisa tini

γάντι φούρνου

girovhosi rekubatisa zvinopisa

νεροχύτης

singi

βούρτσα

bhurasho

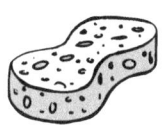

σφουγγάρι

chipanji

μπλέντερ

chinosanganisa

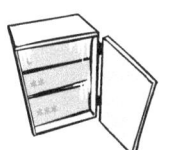

καταψύκτης

firiji

μπιμπερό

bhodhoro remwana

βρύση

pombi

μπάνιο
mekugezera

θέρμανση
chinodziisa mumba
πετσέτα
tauro
ντους
shawa
κουρτίνα ντους
keteni remushawa
αφρόλουτρο
mvura yekugeza ine furo
μπανιέρα
mekugezera
ποτήρι
girazi
πλυντήριο ρούχων
muchina wekuwachisa
βρύση
pombi
πλακάκια
mataira
γιογιό
chipoti chemwana
νεροχύτης
singi

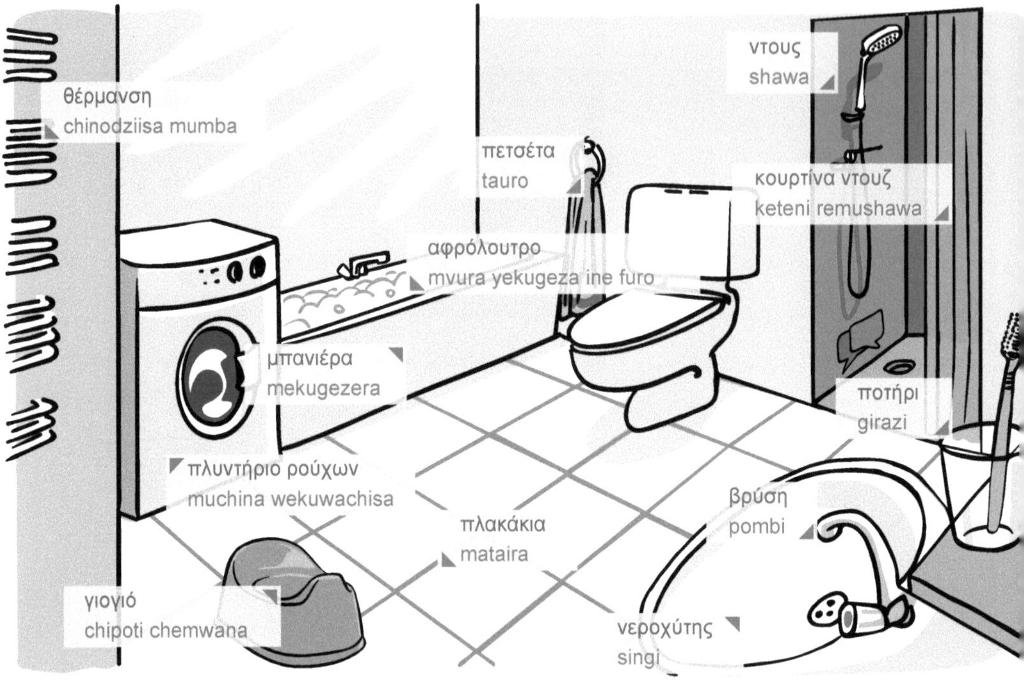

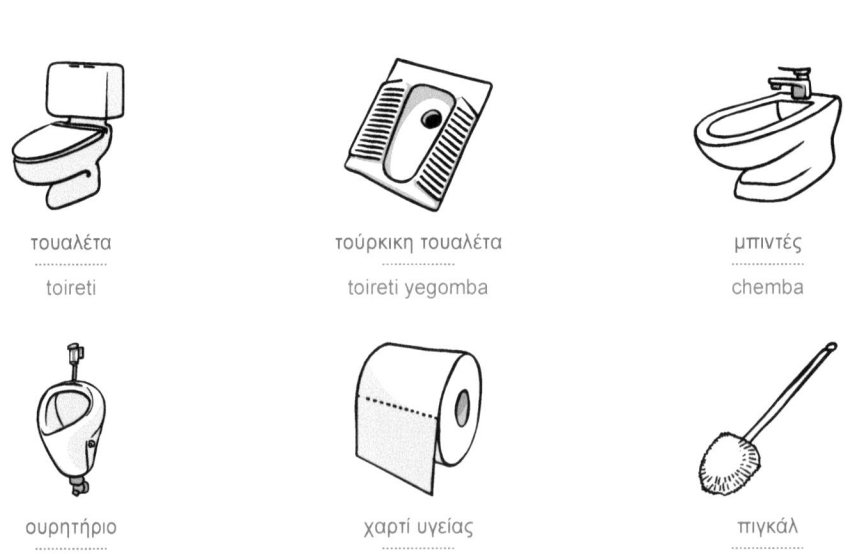

τουαλέτα

toireti

τούρκικη τουαλέτα

toireti yegomba

μπιντές

chemba

ουρητήριο

chekuitira weti chevarume

χαρτί υγείας

pepa remutoireti

πιγκάλ

bhurasho remutoireti

οδοντόβουρτσα

bhurasho remazino

οδοντόκρεμα

mushonga wemazino

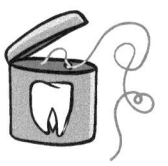

οδοντικό νήμα

tambo yekugezesa mazino

πλένω

kugeza

τηλέφωνο ντους

shawa yekuita zvekubata

ντουσιέρα

douche

λεκάνη

bheseni

βούρτσα πλάτης

bhurasho remusoro

σαπούνι

sipo

αφρόλουτρο

sipo yekugezesa mushawa

σαμπουάν

shambuu

φανέλα

chekugezesa

σιφόνι

dhireni

κρέμα

mafuta

αποσμητικό

chinonhuwirira

καθρέφτης

girazi

καθρέφτης χειρός

girazi remumaoko

ξυραφάκι

chekugeresa ndebvu

αφρός ξυρίσματος

furo rekugeresa ndebvu

αφτερσέιβ

mafuta ekuzora wagera ndebvu

χτένα

kamu

βούρτσα

bhurasho

σεσουάρ

chekuomesa bvudzi

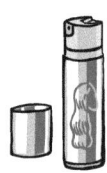

λακ

mushonga wekupfapfaidza musoro

μακιγιάζ

zvekupodesa

κραγιόν

chekupendesa muromo

βερνίκι νυχιών

chekupendesa nzara

βαμβάκι

donje

ψαλίδι νυχιών

chigero chenzara

άρωμα

pefiyumu

νεσεσέρ

bhegi rezvekugezesa

σκαμπό

chituro

ζυγαριά

chikero

μπουρνούζι

bathrobe

ελαστικά γάντια

magirovhosi erabha

ταμπόν

tampon

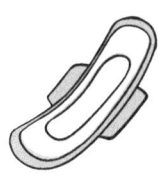

πετσέτα υγιεινής

pedhi

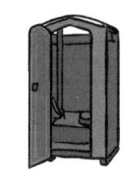

χημική τουαλέτα

toireti inotakurwa

παιδικό δωμάτιο

imba yemwana

ξυπνητήρι
wachi
λούτρινο ζωάκι
chitoyi chekurara nacho
αυτοκινητάκι
mota yekutambisa
κουδουνίστρα
hosho
κουκλόσπιτο
kamba kezvidhori
δώρο
chipo

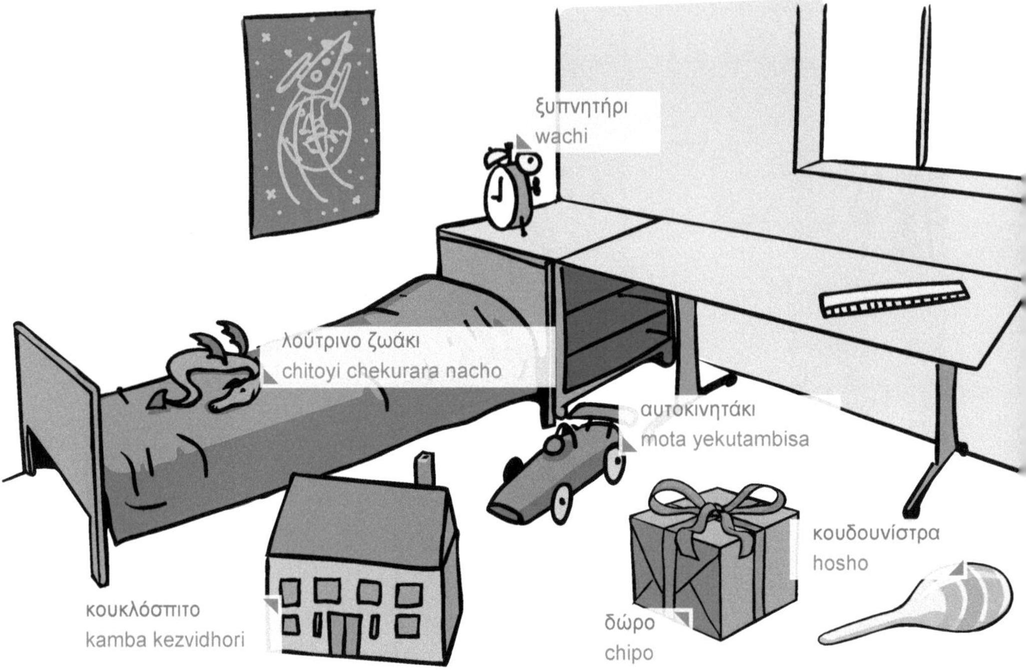

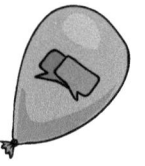

μπαλόνι

chibharuma

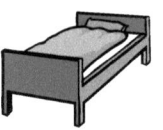

κρεβάτι

mubhedha

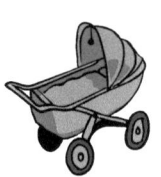

καροτσάκι

purema

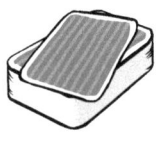

τράπουλα

makadhi ekutamba

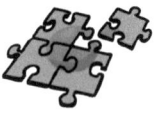

παζλ

puzzle

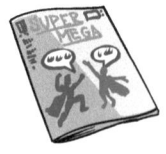

κόμικς

makatuni ekuverenga

τουβλάκια lego

zvekuvakisa zvinhu

τουβλάκια κατασκευών

mabhuroko ekuvakisa

φιγούρα δράσης

chidhori

βρεφικό φορμάκι

babygrow

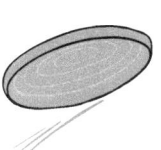

φρίσμπι

chekutambisa uchikanda

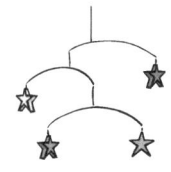

μόμπιλο

zvekuvaraidza mwana

επιτραπέζιο παιχνίδι

gemu rinotambirwa
pabhodhi

ζάρια

dhaisi

σετ τρενάκι

zvitima zvekutambisa

πιπίλα

chidhami

πάρτι

mabiko

εικονογραφημένο βιβλίο

bhuku remapikicha

μπάλα

bhora

κούκλα

chidhori

παίζω

kutamba

σκάμμα με άμμο

majecha ekutambira

κούνια

muzeerere

παιχνίδια

zvekutambisa

κονσόλα βιντεοπαιχνιδιών

chekutambisa magemu
emavhidhiyo

τρίκυκλο

kabhasikoro kemavhiri
matatu

αρκουδάκι

teddy bear

ντουλάπα

wadhiropu

ρούχα
zvipfeko

κάλτσες

masokisi

καλτσοδέτες

masokisi

καλσόν

matirauzi anobata muviri

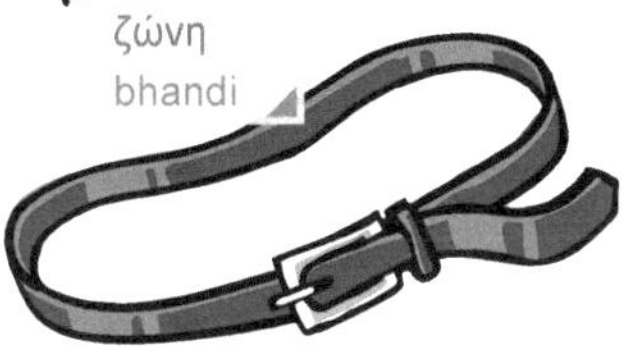

κασκόλ
sikavha

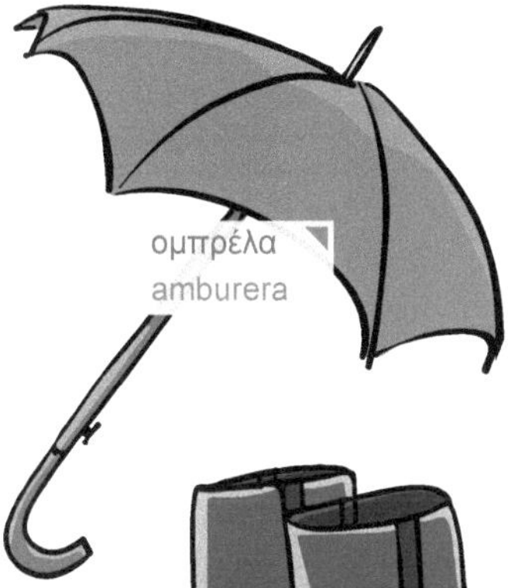

ομπρέλα
amburera

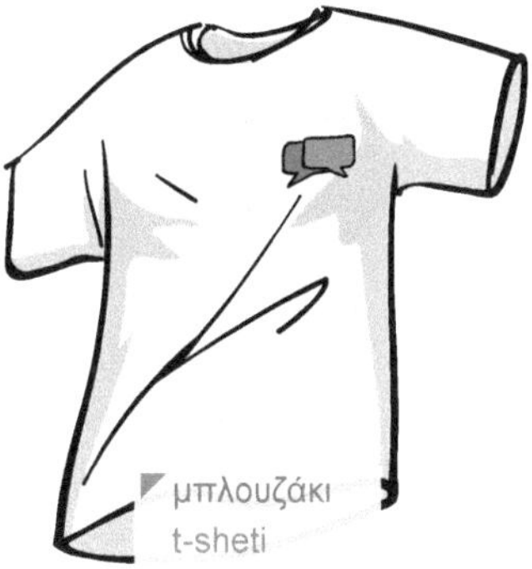

ζώνη
bhandi

μπλουζάκι
t-sheti

μπότες
majombo

παντόφλες
bhutsu

αθλητικά παπούτσια
bhutsu

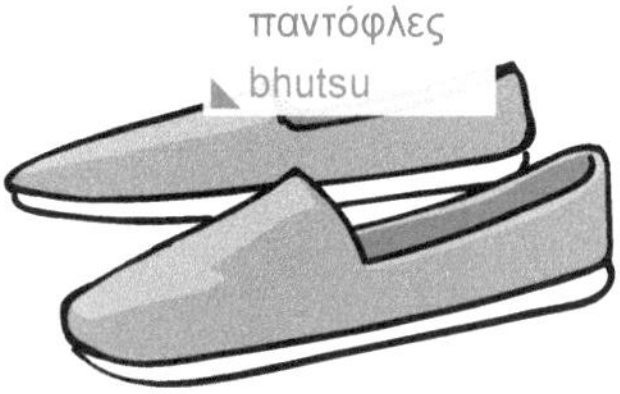

σανδάλια

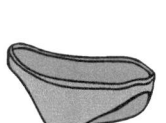

masanduru

παπούτσια

bhutsu

γαλότσες

magambutsu

εσώρουχο

nduwe

σουτιέν

bhodhi

φανέλα

vhesi

σώμα

muviri

παντελόνι

tirauzi

τζιν παντελόνι

jini

φούστα

siketi

μπλούζα

bhurauzi

πουκάμισο

hembe

πουλόβερ

bhachi

πουλόβερ

chibhachi

σακάκι

bhachi

μπουφάν

bhachi

παλτό

jasi

αδιάβροχο πανωφόρι

renikoti

κοστούμι

koshitomu

φόρεμα

dhirezi

νυφικό

dhirezi remuchato

κοστούμι

sutu

νυχτικό

hembe yekurarisa

πιτζάμες

mapijama

σάρι

chari

μαντήλι

headscarf

τουρμπάνι

heti

μπούρκα

burqa

καφτάνι

kaftan

μουσουλμανικό ένδυμα

abaya

ολόσωμο μαγιό

hembe yekutuhwinisa

ανδρικό μαγιό

chikabudura

σορτς

chikabudura

αθλητική φόρμα

tirekisutu

ποδιά

apuroni

γάντια

magirovhosi

κουμπί

bhatani

γυαλιά

magirazi

βραχιόλι

bhenguru

περιδέραιο

chuma

δαχτυλίδι

rin'i

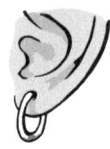

σκουλαρίκι

mhete

καπέλο

kepisi

κρεμάστρα

hen'a

καπέλο

heti

γραβάτα

tai

φερμουάρ

zipi

κράνος

herumeti

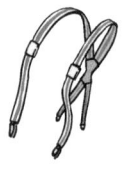

τιράντες

mabhandi

μαθητική στολή

yunifomu yekuchikoro

στολή

yunifomu

σαλιάρα
chibhibhi

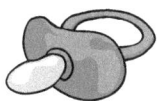

πιπίλα
chidhami

πάνα
napukeni

γραφείο
hofisi

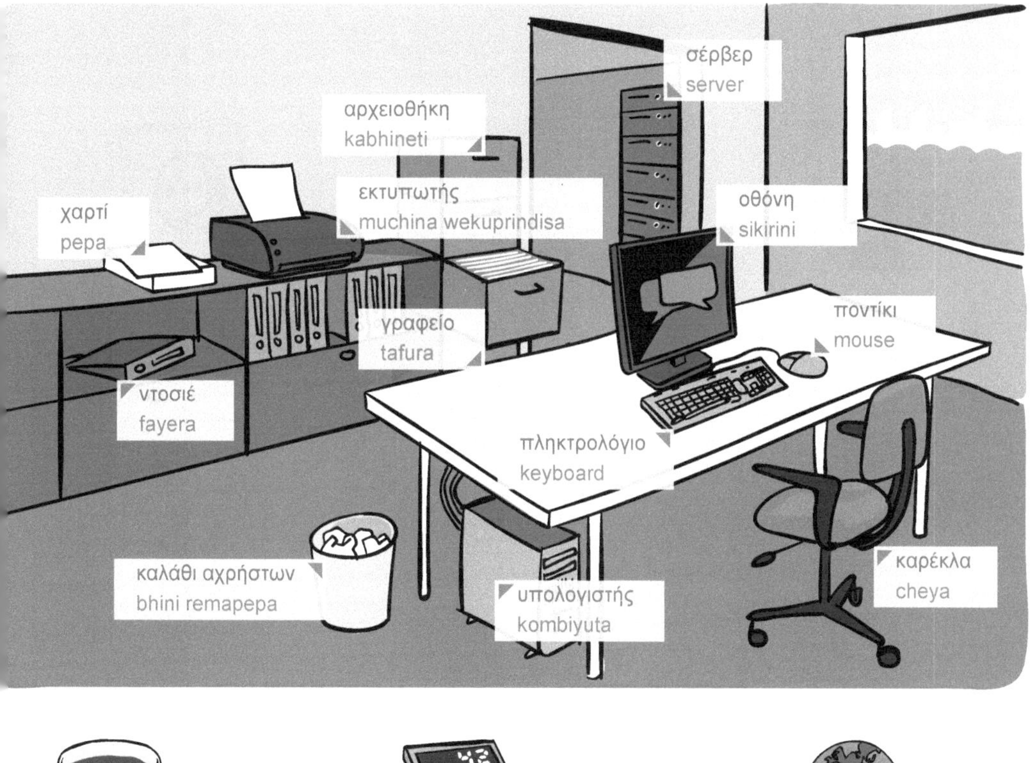

σέρβερ
server

αρχειοθήκη
kabhineti

εκτυπωτής
muchina wekuprindisa

οθόνη
sikirini

χαρτί
pepa

γραφείο
tafura

ποντίκι
mouse

ντοσιέ
fayera

πληκτρολόγιο
keyboard

καλάθι αχρήστων
bhini remapepa

υπολογιστής
kombiyuta

καρέκλα
cheya

κούπα του καφέ
kapu yekofi

κομπιουτεράκι
kakureta

ίντερνετ
indaneti

λάπτοπ

laptop

γράμμα

tsamba

μήνυμα

tsamba

κινητό

serura

δίκτυο

network

φωτοτυπικό μηχάνημα

muchina wekufotokopesa

λογισμικό

software

τηλέφωνο

foni

πρίζα

pekupfekera magetsi

συσκευή φαξ

muchina wefax

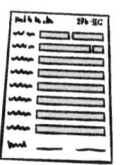

έντυπο

fomu

έγγραφο

gwaro

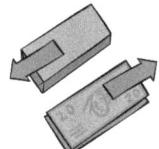

αγοράζω

kutenga

πληρώνω

kubhadhara

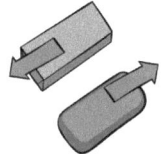

συναλλάσσομαι

kutengesa

χρήματα

mari

δολάριο

Dhora

ευρώ

Euro

γιεν

Yen

ρούβλι

rouble

ελβετικό φράγκο

Swiss franc

ρενμίνμπι γιουάν

renminbi yuan

ρουπία

rupee

ATM (αυτόματη ταμειακή μηχανή)

panobhadharwa

ανταλλακτήρια
συναλλάγματος

panochinjwa mari

χρυσός

goridhe

ασήμι

sirivha

πετρέλαιο

mafuta

ενέργεια

magetsi

τιμή

mutengo

συμβόλαιο

chibvumirano

φόρος

mutero

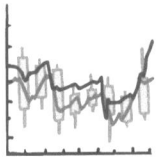

μετοχή

masitoku

δουλεύω

kushanda

υπάλληλος

mushandi

εργοδότης

mushandirwi

εργοστάσιο

fekitari

κατάστημα

chitoro

επαγγέλματα
mabasa

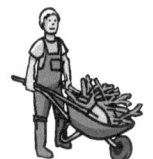

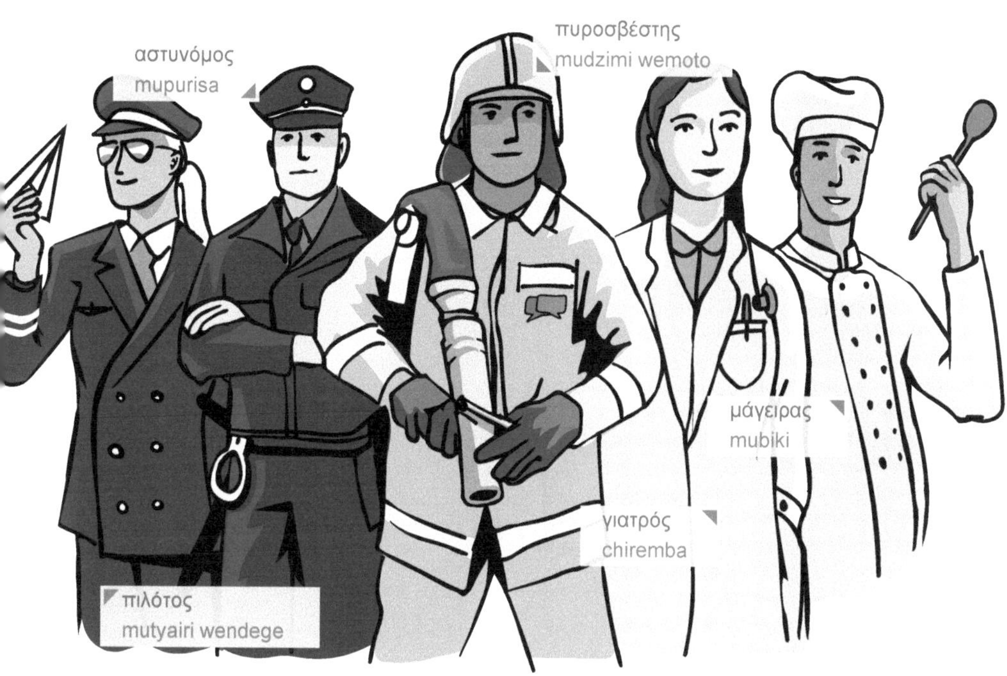

πυροσβέστης
mudzimi wemoto
αστυνόμος
mupurisa
μάγειρας
mubiki
γιατρός
chiremba
πιλότος
mutyairi wendege

κηπουρός

mushandi wemugadheni

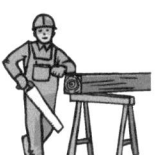

ξυλουργός

muvezi

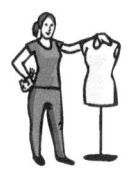

μοδίστρα

mukadzi anosona

δικαστής

mutongi

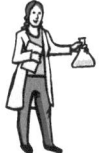

χημικός

anoita zvemishonga

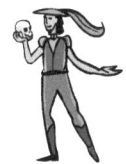

ηθοποιός

ekita

οδηγός λεωφορείου

mutyairi webhazi

ταξιτζής

mutyairi wetaxi

ψαράς

muredzi

καθαρίστρια

mudzimai anochenesa

τεχνίτης στεγών

anogadzira denga

σερβιτόρος

hweta

κυνηγός

muvhimi

ζωγράφος

anopenda

αρτοποιός

mubiki wechingwa

ηλεκτρολόγος

mugadziri wemagetsi

οικοδόμος

muvaki

μηχανολόγος

injiniya

κρεοπώλης

mushandi wemubhucha

υδραυλικός

puramba

ταχυδρόμος

positimeni

στρατιώτης

musoja

αρχιτέκτονας

anoita mapurani edzimba

ταμίας

mutengesi

ανθοπώλης

mugadziri wemaruva

κομμωτής

mugadziri wemusoro

ελεγκτής εισιτηρίων

kondakita

μηχανικός

makanika

καπετάνιος

kaputeni

οδοντίατρος

chiremba wemazino

επιστήμονας

musayindisti

ραβίνος

rabbi

ιμάμης

imam

μοναχός

mumonk

ιερέας

mufundisi

εργαλεία
maturusi

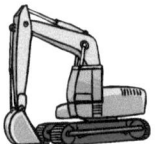

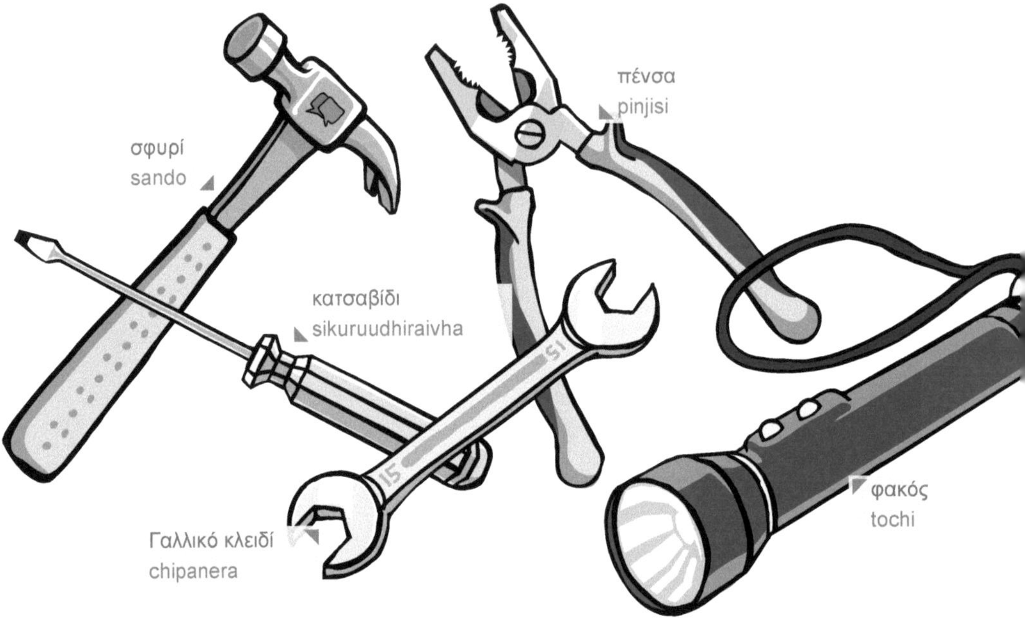
πένσα
pinjisi
σφυρί
sando
κατσαβίδι
sikuruudhiraivha
φακός
tochi
Γαλλικό κλειδί
chipanera

εκσκαφέας

chikatapira

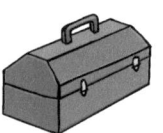

εργαλειοθήκη

bhokisi rematurusi

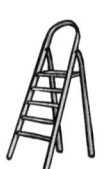

σκάλα

manera

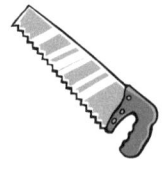

πριόνι

saha

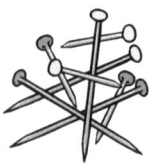

καρφιά

zvipikiri

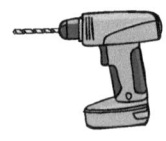

τρυπάνι

chibooreso

επισκευάζω

kugadzira

φτυάρι

foshoro

Να πάρει!

Nxa!

φαράσι

chidyoreso

δοχείο χρωμάτων

gaba rependi

βίδες

masikuruu

μουσικά όργανα
zviridzwa

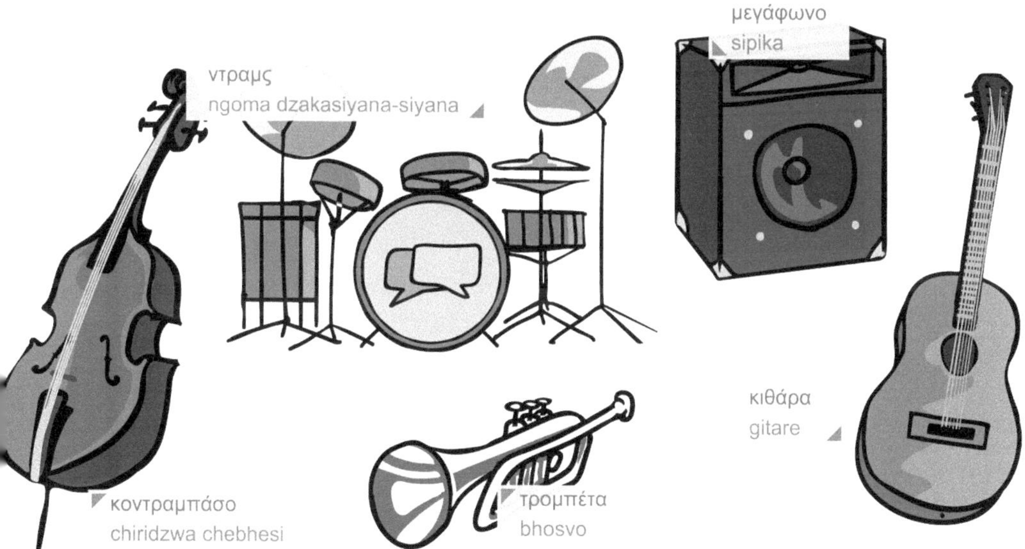

ντραμς
ngoma dzakasiyana-siyana

μεγάφωνο
sipika

κιθάρα
gitare

κοντραμπάσο
chiridzwa chebhesi

τρομπέτα
bhosvo

πιάνο

piyano

βιολί

violin

μπάσο

gitare rebhesi

τύμπανα

ngoma

τύμπανο

ngoma

πλήκτρα

piyano yemagetsi

σαξόφωνο

saxophone

φλάουτο

nyere

μικρόφωνο

maikorofoni

ζωολογικός κήπος
munochengeterwa mhuka

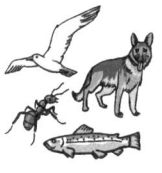

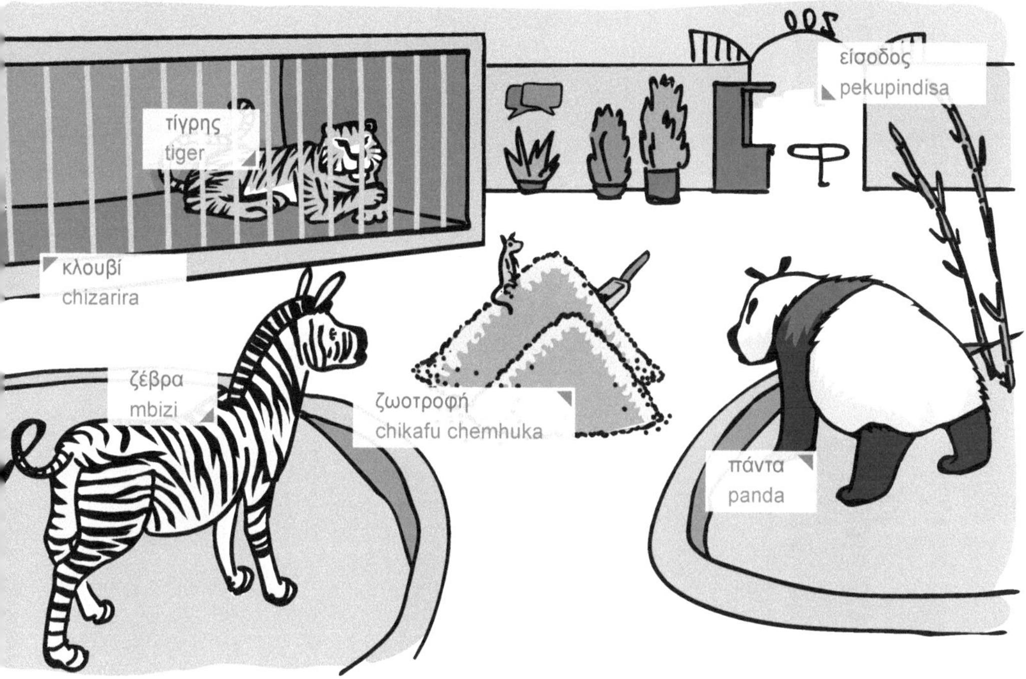
είσοδος
pekupindisa
τίγρης
tiger
κλουβί
chizarira
ζέβρα
mbizi
ζωτροφή
chikafu chemhuka
πάντα
panda

ζώα

mhuka

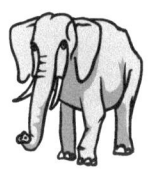

ελέφαντας

nzou

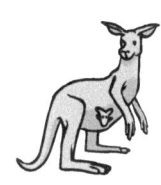

καγκουρό

kangaruru

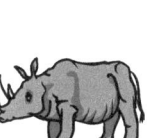

ρινόκερος

chipembere

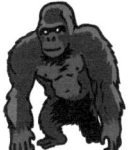

γορίλας

gorilla

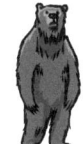

αρκούδα

bear

καμήλα

ngamera

στρουθοκάμηλος

mhou

λιοντάρι

shumba

πίθηκος

tsoko

φλαμίνγκο

flamingo

παπαγάλος

parrot

πολική αρκούδα

bear rekuchando

πιγκουίνος

penguin

καρχαρίας

shark

παγώνι

pikoko

φίδι

nyoka

κροκόδειλος

garwe

φύλακας ζωολογικού κήπου

muchengeti wenzvimbo
yemhuka

φώκια

seal

τζάγκουαρ

jaguar

πόνυ

nyurusi

λεοπάρδαλη

ingwe

ιπποπόταμος

mvuu

καμηλοπάρδαλη

twiza

αετός

gondo

αγριογούρουνο

nguruve yemusango

ψάρι

hove

χελώνα

kamba

θαλάσσιος ίππος

walrus

αλεπού

gava

γαζέλα

nhoro

ζωολογικός κήπος - munochengeterwa mhuka

Αμερικάνικο ποδόσφαιρο
bhora rekuAmerica

ποδηλασία
kuchovha

αντισφαίριση
tenisi

μπάσκετ
bhora rebhasiketi

κολύμβηση
kutuhwina

πυγχαμία
tsiva

χόκεϋ επί πάγου
hockey yemuchando

ποδόσφαιρο

nhabvu

μπάντμιντον

badminton

στίβος

zvekumhanya

χάντμπολ

bhora remaoko

σκι

kuita ski

πόλο

polo

δραστηριότητες

mabasa

γελάω
kuseka
πηδάω
kusvetuka
αγκαλιάζω
kumbundira
περπατάω
kufamba
τραγουδάω
kuimba
ονειρεύομαι
kurota
προσεύχομαι
kunyengetera
φιλάω
kutsvoda

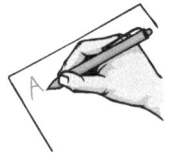

γράφω

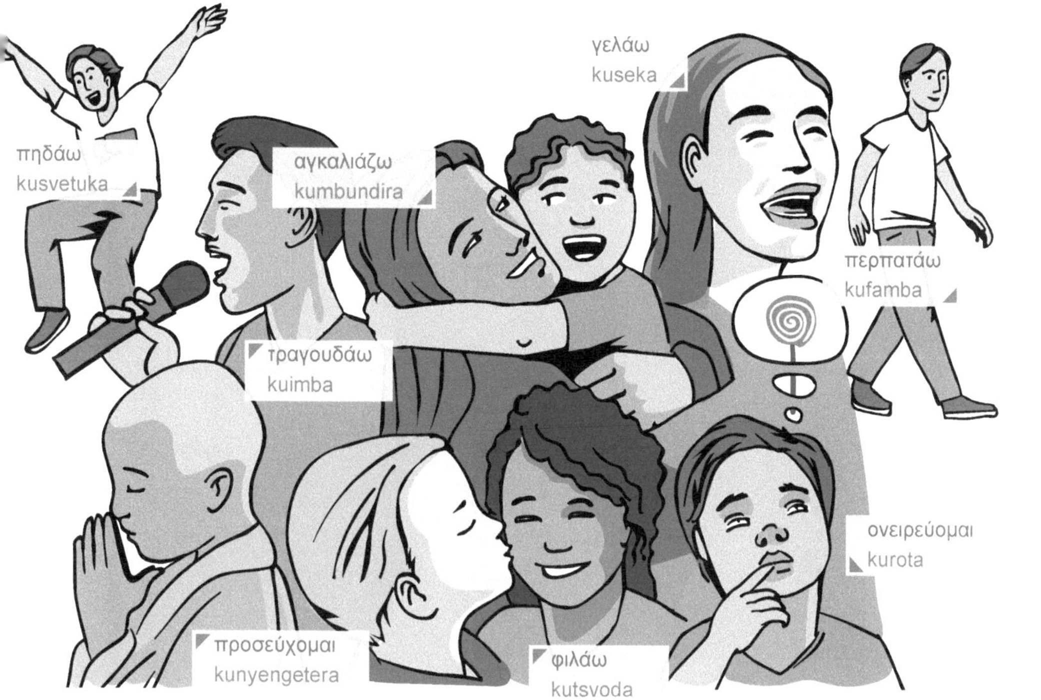

nyora

σχεδιάζω

kudhirowa

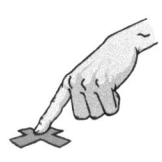

δείχνω

kuratidza

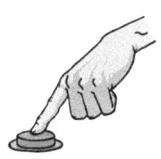

πιέζω

kusunda

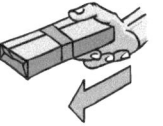

δίνω

kupa

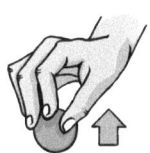

παίρνω

kutora

έχω

kuva ne

κάνω

kuita

είμαι

kuva

στέκομαι

kumira

τρέχω

kumhanya

τραβάω

kudhonza

ρίχνω

kukanda

πέφτω

kudonha

ξαπλώνω

kurara

περιμένω

kumirira

κουβαλώ

kutakura

κάθομαι

kugara

φοράω

kupfeka

κοιμάμαι

kurara

ξυπνάω

kumuka

κοιτάω

kutarisa

κλαίω

kuchema

χαϊδεύω

kupuruzira

χτενίζω

kukama

μιλάω

kutaura

καταλαβαίνω

kunzwisisa

ρωτάω

kubvunza

ακούω

kuteerera

πίνω

kunwa

τρώω

kudya

συγυρίζω

kuchenesa

αγαπάω

kuda

μαγειρεύω

kubika

οδηγώ

kutyaira

πετάω

kubhururuka

κάνω ιστιοπλοΐα

kufambiswa nemhepo

υπολογίζω

kakureta

διαβάζω

kuverenga

μαθαίνω

kudzidza

δουλεύω

kushanda

παντρεύομαι

kuroora / kuroorwa

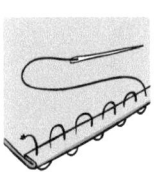

ράβω

kusona

βουρτσίζω τα δόντια

kukwesha mazino

σκοτώνω

kuuraya

καπνίζω

kuputa

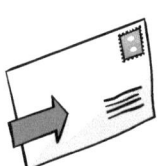

στέλνω

kutumira

οικογένεια
mhuri

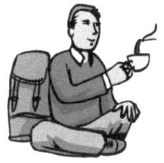

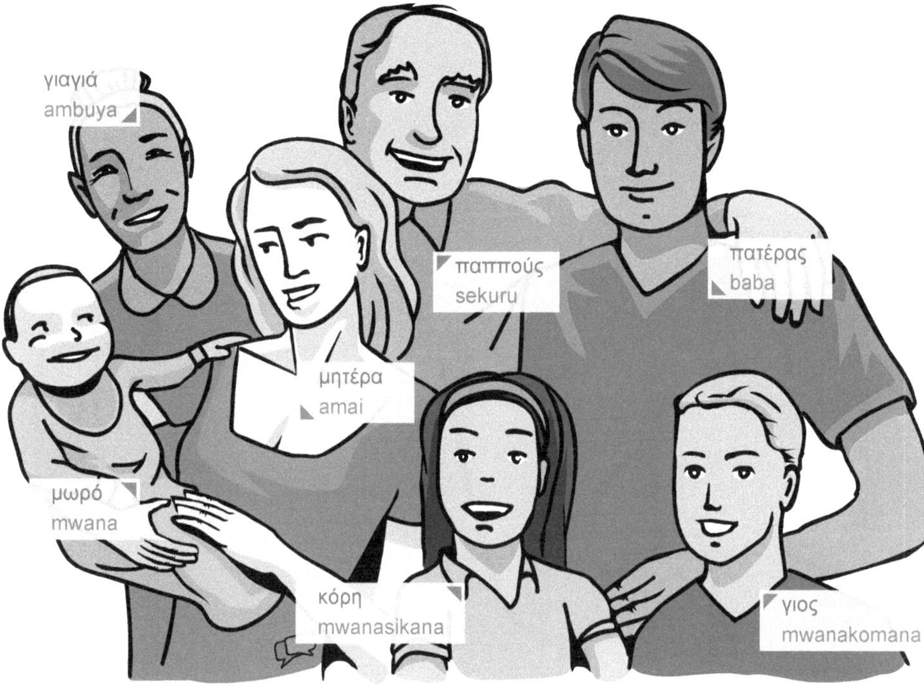

γιαγιά
ambuya
παππούς
sekuru
πατέρας
baba
μητέρα
amai
μωρό
mwana
κόρη
mwanasikana
γιος
mwanakomana

καλεσμένος

muenzi

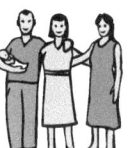

θεία

tete

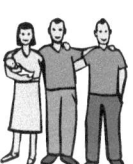

θείος

sekuru

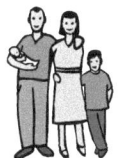

αδελφός

hanzvadzikomana

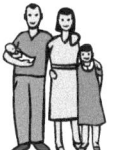

αδελφή

hanzvadzisikana

σώμα

muviri

μέτωπο
huma
μάτι
ziso
ώμος
bendekete
δάχτυλο
munwe
πρόσωπο
chiso
πιγούνι
chirebvu
χέρι
ruoko
πόδι
gumbo
στήθος
chipfuva
βραχίονας
ruoko

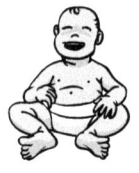

μωρό

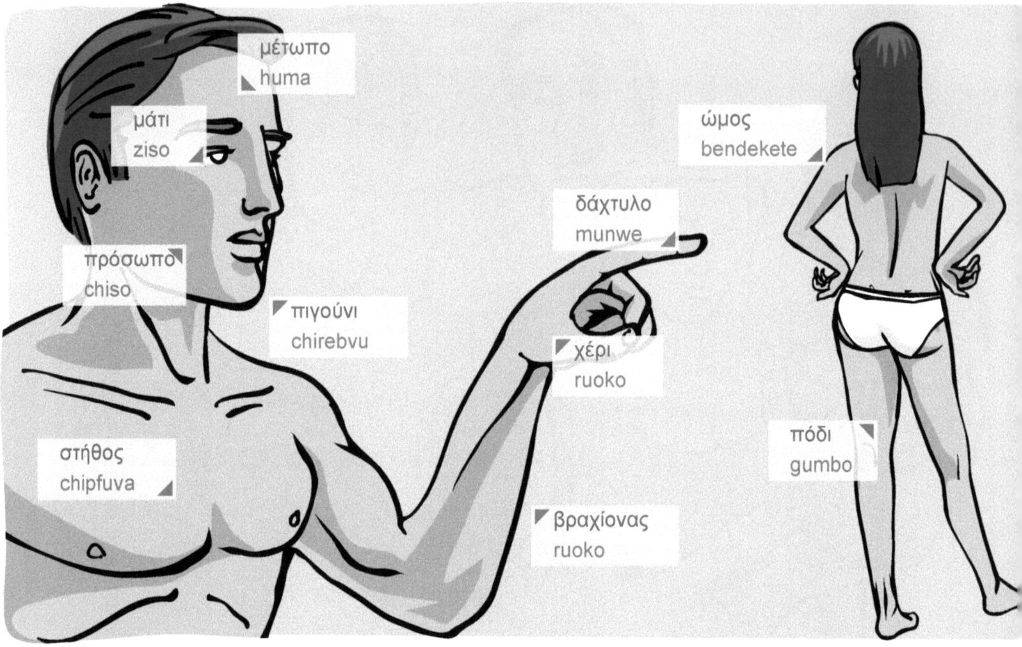

mwana

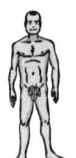

άνδρας

murume

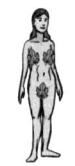

γυναίκα

mukadzi

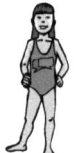

κορίτσι

musikana

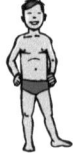

αγόρι

mukomana

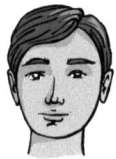

κεφάλι

musoro

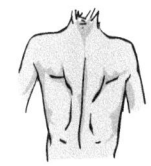

πλάτη

musana

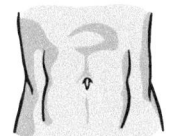

κοιλιά

dumbu

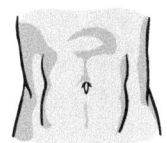

αφαλός

guvhu

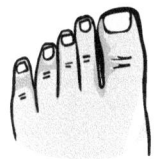

δάχτυλο ποδιού

chigunwe

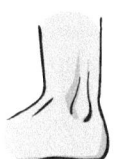

φτέρνα

chitsitsinho

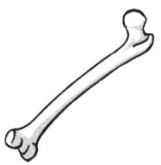

κόκκαλο

bhonzo

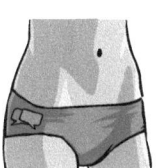

γοφός

hudyu

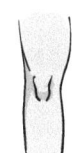

γόνατο

ibvi

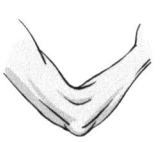

αγκώνας

gokora

μύτη

mhino

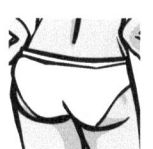

γλουτός

garo

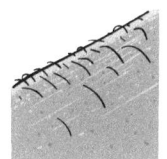

δέρμα

ganda

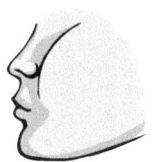

μάγουλο

dama

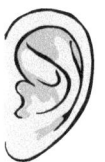

αυτί

nzeve

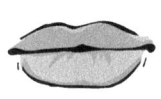

χείλος

muromo

στόμα

mukanwa

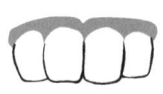

δόντι

zino

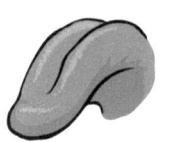

γλώσσα

rurimi

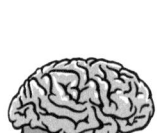

εγκέφαλος

uropi

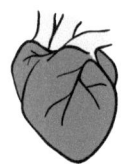

καρδιά

mwoyo

μυς

tsandanyama

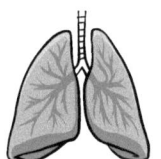

πνεύμονας

bapu

συκώτι

chitaka

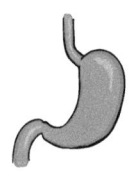

στομάχι

dumbu

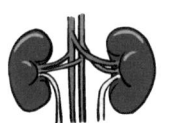

νεφρά

itsvo

σεξουαλική επαφή

kuita bonde

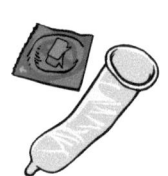

προφυλακτικό

kondomu

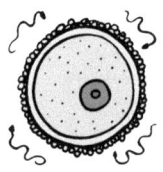

ωάριο

zai

σπέρμα

urume

εγκυμοσύνη

nhumbu

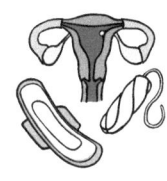

περίοδος

kuenda kumwedzi

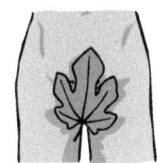

γυναικείος κόλπος

sikarudzi

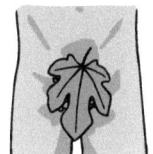

πέος

mboro

φρύδι

tsiye

μαλλιά

bvudzi

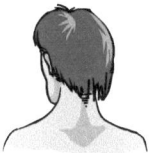

λαιμός

mutsipa

νοσοκομείο
chipatara

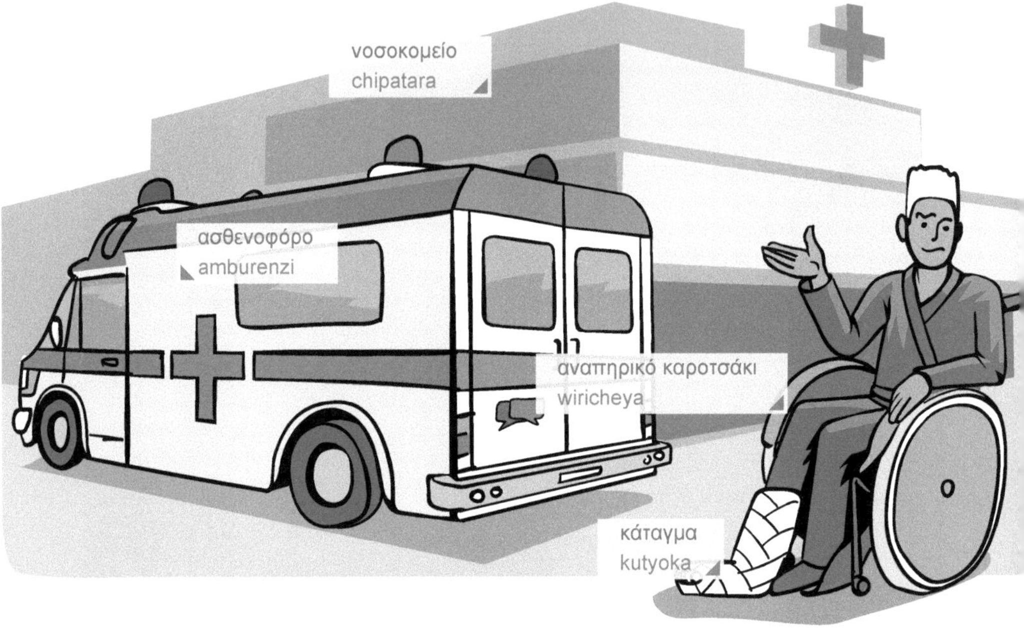

νοσοκομείο
chipatara
ασθενοφόρο
amburenzi
αναπηρικό καροτσάκι
wiricheya
κάταγμα
kutyoka

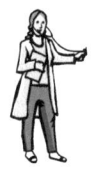

γιατρός

chiremba

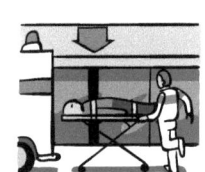

μονάδα εντατικής θεραπείας

imba yerubatsiro

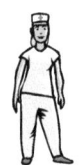

νοσοκόμα

nesi

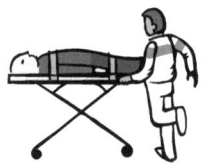

έκτακτη ανάγκη

zvekukurumidza

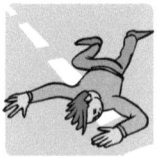

λιπόθυμος

kufenda

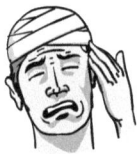

πόνος

rwadza

τραύμα

kukuvara

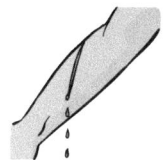

αιμορραγία

kubuda ropa

έμφραγμα

kuerekana mwoyo
usisashandi

εγκεφαλικό

kuoma rutivi

αλλεργία

zvinorwarisa

βήχας

chikosoro

πυρετός

fivha

γρίπη

furuu

διάρροια

manyoka

πονοκέφαλος

kutemwa nemusoro

καρκίνος

mhuka

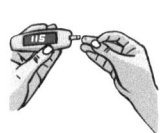

διαβήτης

chirwere cheshuga

χειρουργός

muvhiyi

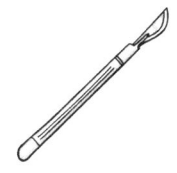

νυστέρι

kabanga keoparesheni

εγχείρηση

oparesheni

αξονική τομογραφία

CT

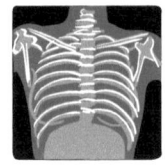

ακτινογραφία

x-ray

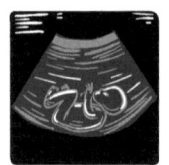

υπέρηχος

ultrasound

μάσκα

chekuvharisa mhino nemuromo

ασθένεια

chirwere

αίθουσα αναμονής

mekumirira kurapiwa

πατερίτσα

chidhondoro

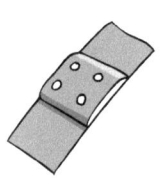

χάνσαπλαστ

purasita

επίδεσμος

bhandiji

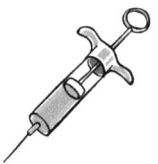

ένεση

jekiseni

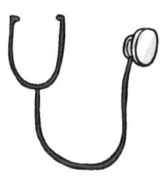

στηθοσκόπιο

chekuteerera nacho mukati

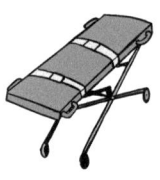

φορείο

kamubhedha kemurwere

θερμόμετρο

chekutoresa nacho tembiricha

γέννηση

kuzvara

υπέρβαρο

kufuta

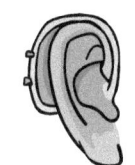

ακουστικό βαρηκοΐας

chekubatsira kunzwa

αντισηπτικό

mushonga unouraya
utachiona

λοίμωξη

utachiona

ιός

vhairasi

HIV/AIDS

HIV / AIDS

φάρμακο

mushonga

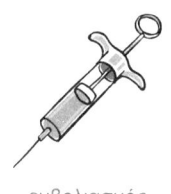

εμβολιασμός

kudzivirira zvirwere

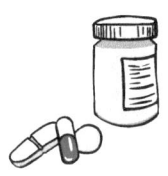

δισκία

mapiritsi

χάπι

piritsi

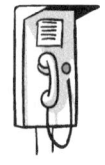

κλήση έκτακτης ανάγκης

kufonera rubatsiro ipapo
ipapo

πιεσόμετρο αίματος

muchina wekuyeresa BP

άρρωστος / υγιής

kurwara / kugwinya

Βοήθεια!

Maiwe!

συναγερμός

bhero

βιαιοπραγία

kurwisa

επίθεση

kurwisa

κίνδυνος

ngozi

έξοδος κινδύνου

pekupuda napo zvechimbi-
chimbi

Φωτιά!

Moto!

πυροσβεστήρας

chekudzimisa moto

ατύχημα

tsaona

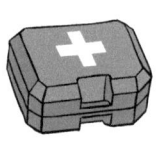

κουτί πρώτων βοηθειών

zvinhu zvefirst aid

SOS

SOS

αστυνομία

mapurisa

Ευρώπη

Europe

Βόρεια Αμερική

Kuchamhembe kweAmerica

Νότια Αμερική

Kumaodzanyemba kweAmerica

Αφρική

Africa

Ασία

Asia

Αυστραλία

Australia

Ατλαντικός Ωκεανός

Atlantic

Ειρηνικός Ωκεανός

Pacific

Ινδικός Ωκεανός

Nyanza yeIndia

Ανταρκτικός Ωκεανός

Nyanza yeAntarctic

Αρκτικός Ωκεανός

Nyanza yeArctic

Βόρειος Πόλος

Kuchamhembe

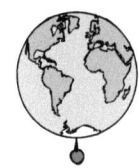

Νότιος Πόλος
Kumaodzanyemba

Ανταρκτική
Antarctica

Γη
Nyika

γη
nyika

θάλασσα
gungwa

νησί
chitsuwa

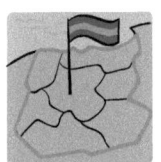

έθνος
nyika

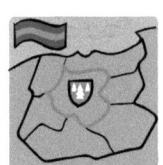

πολιτεία
nyika

καντράν ρολογιού

wachi

ωροδείκτης

chinongedza awa

λεπτοδείκτης

chinongedza miniti

δείκτης δευτερολέπτων

chinongedza masekondi

Τι ώρα είναι;

Inguvai?

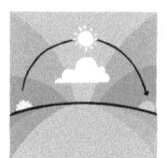

ημέρα

zuva

χρόνος

nguva

τώρα

izvozvi

ψηφιακό ρολόι

wachi yemanhamba

λεπτό

miniti

ώρα

awa

εβδομάδα
vhiki

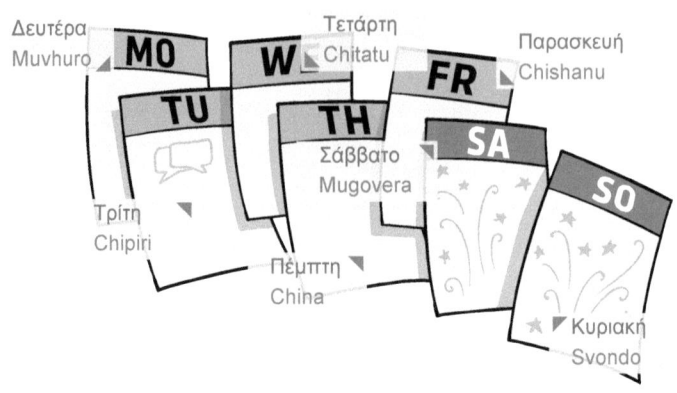

Δευτέρα
Muvhuro

Τετάρτη
Chitatu

Παρασκευή
Chishanu

Τρίτη
Chipiri

Σάββατο
Mugovera

Πέμπτη
China

Κυριακή
Svondo

χθες

nezuro

σήμερα

nhasi

αύριο

mangwana

πρωί

mangwanani

μεσημέρι

masikati

βράδυ

manheru

εργάσιμες ημέρες

mazuva ebasa

Σαββατοκύριακο

kupera kwevhiki

βροχή
mvura

ουράνιο τόξο
muraraungu

άνεμος
mhepo

χιόνι
chando

άνοιξη
chirimo

φθινόπωρο
matsutso

καλοκαίρι
zhizha

χειμώνας
chando

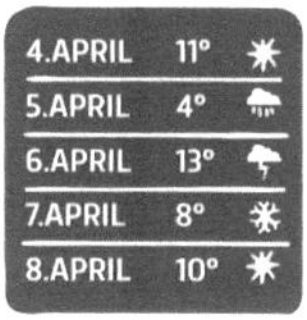

4.APRIL	11°	☀
5.APRIL	4°	☁
6.APRIL	13°	🌧
7.APRIL	8°	☀
8.APRIL	10°	☀

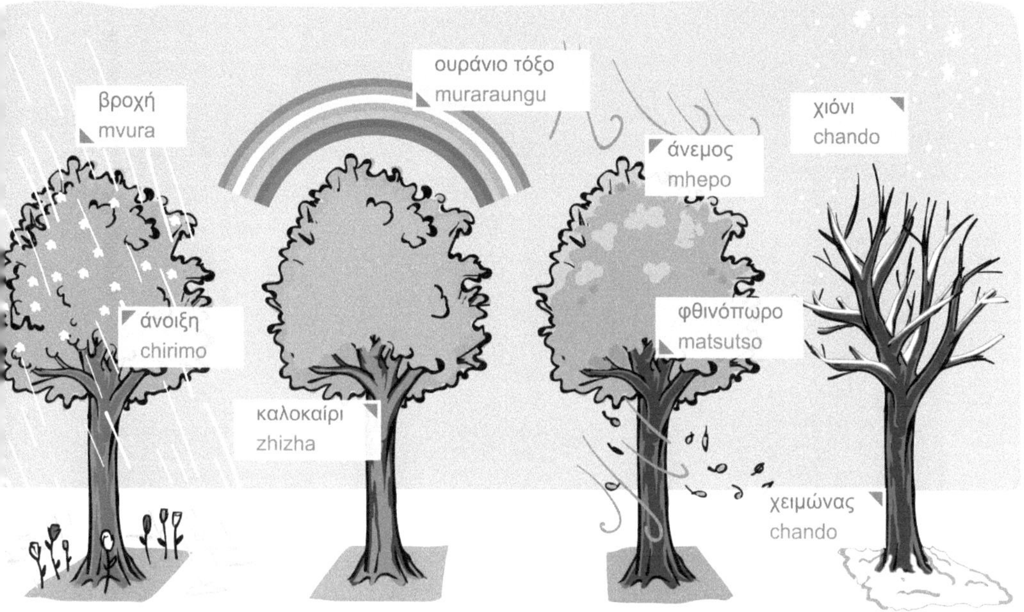

πρόγνωση καιρού

mamiriro ekunze
anofungidzirwa

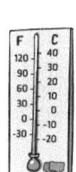

θερμόμετρο

chekutoresa tembiricha

λιακάδα

zuva

σύννεφο

makore

ομίχλη

mhute

υγρασία

hunyoro

αστραπή

mheni

κεραυνός

kutinhira

καταιγίδα

dutu

χαλάζι

chivhuramabwe

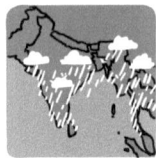

μουσώνας

mhepo ine mvura

πλημμύρα

mafashamo

πάγος

mazaya echando

Ιανουάριος

Ndira

Φεβρουάριος

Kukadzi

Μάρτιος

Kurume

Απρίλιος

Kubvumbi

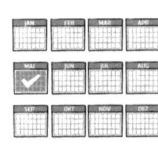

Μάιος

Chivabvu

Ιούνιος

Chikumi

Ιούλιος

Chikunguru

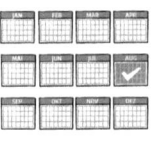

Αύγουστος

Nyamavhuvhu

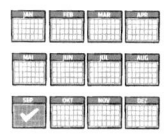

Σεπτέμβριος
Gunyana

Οκτώβριος
Gumiguru

Νοέμβριος
Mbudzi

Δεκέμβριος
Zvita

σχήματα
mashepu

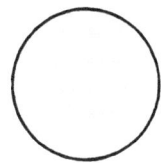

κύκλος
denderedzwa

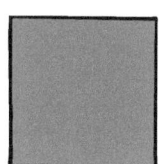

τετράγωνο
sikweya

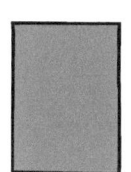

ορθογώνιο
παραλληλόγραμμο
rectangle

τρίγωνο
triangle

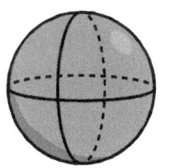

σφαίρα
bhora

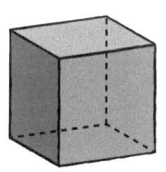

κύβος
bhokisi

άσπρο

chena

κίτρινο

yero

πορτοκαλί

orenji

ροζ

pingi

κόκκινο

tsvuku

μωβ

pepuru

μπλε

bhuruu

πράσινο

girini

καφέ

kaki

γκρι

gireyi

μαύρο

nhema

πολύ / λίγο

zvakawanda / zvishoma

θυμωμένος / ήρεμος

hasha / dzikama

όμορφος / άσχημος

naka / shata

αρχή / τέλος

kutanga / kuguma

μεγάλος / μικρός

hombe / diki

φωτεινός / σκοτεινός

jeka / rima

αδελφός / αδελφή

hanzvadzikomana /
hanzvadzisikana

καθαρός / λερωμένος

chena / sviba

πλήρης / ατελής

kwana / kusakwana

ημέρα / νύχτα

masikati / usiku

νεκρός / ζωντανός

yakafa / mhenyu

φαρδύς / στενός

pamhamha / tetepa

βρώσιμος / μη βρώσιμος

unodyiwa / haudyiwi

κακός / ευγενικός

utsinye / mutsa

ενθουσιασμένος / βαριεστημένος

kunakidzwa / kufinhwa

παχύς / λεπτός

kobvuka / tetepa

πρώτος / τελευταίος

kutanga / kupedzisira

φίλος / εχθρός

shamwari / muvengi

γεμάτος / άδειος

rakazara / hairina kuzara

σκληρός / μαλακός

oma / pfava

βαρύς / ελαφρύς

rema / reruka

πείνα / δίψα

nzara / nyota

άρρωστος / υγιής

kurwara / kugwinya

παράνομος / νόμιμος

zvisiri pamutemo / zviri pamutemo

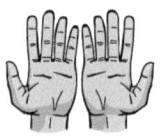

έξυπνος / χαζός

kungwara / kupusa

αριστερός / δεξιός

ruboshwe / rudyi

κοντινός / μακρινός

pedyo / kure

καινούριος /
μεταχειρισμένος

matsva / matsaru

τίποτα / κάτι

hapana / chiripo

γέρος | νέος

kuru / duku

αναμμένος / σβηστός

batidza/dzima

ανοιχτός / κλειστός

vhurika / vharika

χαμηλόφωνος /
μεγαλόφωνος
nyarara / ruzha

πλούσιος / φτωχός

mupfumi / murombo

σωστός / λανθασμένος

chakanaka / chakaipa

τραχύς / λείος

kukasharara /
kutsvedzerera

λυπημένος / χαρούμενος

kusuwa / kufara

κοντός / μακρύς

pfupi / refu

αργός / γρήγορος

nonoka / kurumidza

υγρός / στεγνός

nyoro / oma

ζεστός / δροσερός

dziya / tonhora

πόλεμος / ειρήνη

hondo / rugare

0	**1**	**2**
μηδέν	ένα	δύο
zero	potsi	piri

3	**4**	**5**
τρία	τέσσερα	πέντε
tatu	ina	shanu

6	**7**	**8**
έξι	εφτά	οκτώ
nhanhatu	nomwe	sere

9	**10**	**11**
εννιά	δέκα	έντεκα
pfumbamwe	gumi	gumi neimwe

12

δώδεκα

gumi nembiri

13

δεκατρία

gumi netatu

14

δεκατέσσερα

gumi neina

15

δεκαπέντε

gumi neshanu

16

δεκαέξι

gumi nenhanhatu

17

δεκαεφτά

gumi nenomwe

18

δεκαοκτώ

gumi nesere

19

δεκαεννέα

gumi nepfumbamwe

20

είκοσι

makumi maviri

100

εκατό

zana

1.000

χίλια

chiuru

1.000.000

εκατομμύριο

miriyoni

Αγγλικά

Chirungu

Αμερικάνικα Αγγλικά

Chirungu chekuAmerica

Μανδαρίνικα Κινέζικα

Mandarin yekuChina

Χίντι

ChiHindi

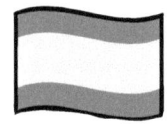

Ισπανικά

ChiSpanish

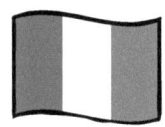

Γαλλικά

ChiFrench

Αραβικά

ChiArabic

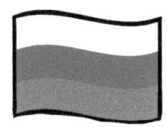

Ρώσικα

ChiRussian

Πορτογαλικά

ChiPortuguese

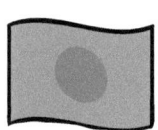

Μπενγκάλι

ChiBengali

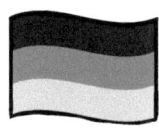

Γερμανικά

ChiGerman

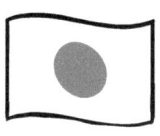

Ιαπωνικά

ChiJapanese

εγώ

ini

εσύ

iwe / imi

αυτός / αυτή / αυτό

iye

εμείς

isu

εσείς

imi

αυτοί / αυτές / αυτά

ivo

ποιος / ποια / ποιο;

ani?

τι;

chii?

πώς;

sei?

πού;

kupi?

πότε;

riini?

όνομα

zita

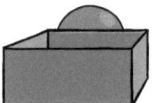

πίσω

seri

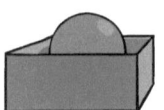

μέσα

mukati

μπροστά

pamberi

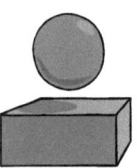

πάνω από

nepamusoro

πάνω

pamusoro

κάτω

pasi

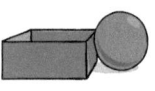

δίπλα

divi

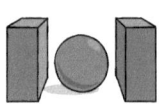

ανάμεσα

pakati

μέρος

nzvimbo